Diem · Hüte aus Papier

HOMO LUDENS

Walter Diem

Hüte aus Papier

Hugendubel

Die Deutsche Bibliothek – CIP-Einheitsaufnahme
Diem, Walter:
Hüte aus Papier / Walter Diem. – München: Hugendubel, 1991
(Homo ludens)
ISBN 3-88034-522-8
NE: HST

Umschlaggestaltung: Johann Rüttinger, Uehlfeld
Zeichnungen: Martin Lühker, Buchholz
Fotos: Walter Diem
Produktion: Tillmann Roeder, München
Satz: Uhl + Massopust, Aalen
Druck und Bindung: Wiener Verlag, Himberg

ISBN 3-88034-522-8

Printed in Austria

Inhalt

Zur Einleitung

Die Zeitung von gestern ist für die meisten von uns so unwichtig und so wertlos wie der Schnee vom vergangenen Jahr. Damit beschreibt man aber eigentlich nur den Wert, den die alten Nachrichten noch haben, wenn sie durch neue Meldungen (oder durch Dementis) abgelöst worden sind. Das Papier, auf das die guten wie die schrecklichen Neuigkeiten gedruckt worden sind, ist damit noch längst nicht unnütz geworden. Man kann eine alte Zeitung noch auf vielerlei Weise verwenden, bis sie wirklich ausgedient hat. Und eine der amüsantesten Verwendungsmöglichkeiten ist sicher, sich aus dem Papier einen Hut zu falten, als ein Minimum an Verkleidung, als Andeutung einer Rolle, die man im Spiel mit einem Kind übernehmen will. Oder man faltet einen Hut, um bei der Arbeit – oder bei der Siesta im Garten – vor Sonnenhitze, grellem Licht oder kühlem Wind geschützt zu sein. Und da macht es wahrlich keinen Unterschied, ob die Zeitung vom Tag, von gestern oder vom vergangenen Jahr ist.

Papierhüte scheinen kein sehr altes Spiel- und Verkleidungsrequisit zu sein. Die ältesten Abbildungen von Kindern mit Papierhelmen auf dem Kopf stammen aus den 70er Jahren des vorigen Jahrhunderts. Das hängt natürlich damit zusammen, daß die Zeitung erst in der zweiten Hälfte des vorigen Jahrhunderts ein Massenmedium wurde, mit der Erfindung der Schnellpresse ein billiger Informations- und Unterhaltungsträger. Mit Beginn des Industriezeitalters wurden Zeitungen zu Massenblättern, die auf der Straße für wenig Geld verkauft wurden, kaum wert, daß man sie wieder und wieder las, daß man sie gar aufhob und in Sammelbänden binden ließ.

Erst als die Zeitung zum Wegwerfartikel wurde, konnte sie den Kindern zum Spiel überlassen werden. Von da an konnte das Papier als Spielmaterial, als Werkstoff für alle möglichen Bastelarbeiten entdeckt werden.

Papierhüte sind als eine Möglichkeit intelligenter wie vergnüglicher Zweitverwertung wohl entdeckt, aber nicht sonderlich variiert worden. Sie sind leider auch kein Forschungsthema für Kulturhistoriker, so daß es keine zuverlässigen Informationen darüber gibt, wann, wo und von wem der erste Papierhut gefaltet worden ist. Waren es Kinderhände, war ein Erwachsener daran beteiligt – oder war es überhaupt nur ein Erwachsener (ohne die inspirierende Mitwirkung eines Kindes), der mit gezieltem Bemühen oder eher absichtslos und beiläufig die Form des Papierhelms gefunden hat, die dann so lange, zumindest in unseren Breiten, nahezu konkurrenzlos geblieben ist? Der mit dem Verlag verabredete Ablieferungs- bzw. Erscheinungstermin für dieses Buch erlaubt es dem Autor nicht, dieser Frage nachzugehen. Aber es ist auch nicht die Absicht des Buches, darauf eine Antwort zu geben.

Vielmehr will diese Veröffentlichung dem interessierten Leser zeigen, was man heute alles aus einem Bogen Papier falten kann. Manches Modell ist schon bekannt und da oder dort veröffentlicht worden. Einige der Beispiele sind der japanischen Papierfalttechnik Origami zu verdanken – ohne dort jedoch als Hut entwickelt worden zu sein. Aber in der richtigen Hutmacherei gibt es auch so manches Modell, das mehr Ähnlichkeit mit einer Schachtel als mit einem Hut hat: Warum soll man dann nicht auch eine Origamischachtel in einen Hut umfunktionieren dürfen

Nicht wenige Modelle sind indes erst für dieses Buch entwickelt worden. Insgesamt sind so 60 Modelle zusammengekommen. Mit diesen fünf Dutzend unterschiedlicher Formen samt Varianten sind die Möglichkeiten sicher nicht erschöpft – und jeder Leser ist herzlich eingeladen, neue Papierhüte zu erfinden. Wer Spaß daran hat, kann sich an der Suche nach neuen Formen beteiligen – und sie Autor und Verlag für eine spätere umfangreichere Ausgabe dieses Buches zur Verfügung stellen und so seinen Beitrag zu einer »Gesamtenzyklopädie des Papierhuts« leisten.

An dieser Stelle nun noch einen herzlichen Dank an die Fotomodelle Alexandre, Arne, Florian, Gabi, Jonas, Konstantin, Matthias, Moritz, Romain und Vincent.

Falttechnik Papiere Hilfsmittel

Auch wenn die meisten der hier vorgestellten Hüte schließlich Kinder behüten werden: Die Kinder werden die Modelle nicht ohne die Hilfe eines Erwachsenen anfertigen können. Und wenn die Kinder allein falten, dann sollte es ihnen vorgemacht werden, wie sehr es bei allen Hüten und Helmen – insbesondere bei den »vielfältigen« Exemplaren – darauf ankommt, daß die Falten exakt an den richtigen Stellen gemacht werden, daß umgeklappte Teile genau sitzen bzw. liegen müssen und daß es in aller Regel notwendig ist, die Faltlinien scharf nachzuziehen. Denn nicht selten hält ein einziges umgeschlagenes Teil, vielleicht nur eine schmale Krempe, die ganze Hutkonstruktion fest und zusammen; öffnet sich da nur eine einzige Falte wieder, dann öffnet sich auch der ganze Hut.

Es ist dem Autor bewußt, daß schriftliche Bastelanleitungen oft nur schwer zu verstehen sind; nicht wenige Bastler neigen dazu, die Anleitung zu schnell zu lesen und dabei wichtige, vielleicht nur in einem einzigen Wort enthaltene Informationen nicht aufzunehmen. Jedes Modell wird deshalb mit einer Reihe von Zeichnungen erklärt, die die einzelnen Faltschritte darstellen. Texte und Zeichnungen sollten miteinander gelesen und verstanden werden; die Ziffern im Ablauf stellen eine Hilfe dar, die Reihenfolge richtig aufzunehmen, keinen Schritt auszulassen.

Wer ein neues, ihm bis dahin unbekanntes Modell ausprobieren will (und unbekannt sind schließlich die meisten Hüte in diesem Buch), der sollte diesen ersten Versuch am besten mit Zeitungspapier starten: Da macht es nichts aus, wenn zunächst Falten falsch angelegt werden, wenn die Kopfweite des fertigen Hutes nicht stimmt. Erst wenn man sich der Sache sicher ist, wird man dann mit einem edleren Papier weiterarbeiten, um den Hut in der Ausführung anzufertigen, die Bestand haben soll: als Requisit in einem Rollenspiel oder für Spiele im Freien, als Kopfbedeckung für Party, Siesta oder sonstige Gelegenheiten.

In jeder Zeichnung ist in aller Regel nur jeweils ein neuer Arbeitsschritt enthalten, der Fortgang sollte damit deutlich und verständlich werden.
Gelingen oder Mißlingen einer Arbeit hängen davon ab, daß man die Falten richtig anlegt. In der Papierfalterei gibt es Bergfalten und Talfalten. Sie sind in den Zeichnungen durch unterschiedlich ausgeführte Linien kenntlich gemacht:

Bergfalten sind als strichpunktierte Linien dargestellt,
Talfalten als gestrichelte Linien.

Im allgemeinen sind die Beschreibungen so angelegt, daß Talfalten zu machen sind. Das heißt: Ein Teil des Papiers wird angehoben und auf den anderen Teil gefaltet. Öffnet man die Falte wieder, klappt man also das umgeschlagene Teil wieder zurück, zeichnet sich die Falte als eine Kerbe, als ein Tal, auf der Papierfläche ab. Diese Art zu falten – nach vorn, auf sich zu – ist die häufigere, weil leichtere.

Bei Bergfalten ist ein Teil nach hinten, auf die Rückseite des Papiers zu falten. Öffnet man die Falte, bleibt sie als ein erhabener Grat auf der Papierfläche sichtbar. Bergfalten müssen aus der Hand gemacht werden; sie gelingen nur bei kleinen und dünnen Teilen einwandfrei. Liegen schon mehrere Papierlagen aufeinander, ist es einfacher und bringt es ein besseres Ergebnis, die Arbeit zu wenden und auf der Gegenseite eine Talfalte zu machen. Wendet man das Papier abermals, liegt vor einem die geforderte Bergfalte.

In den Zeichnungen wird die Aufforderung zum Wenden durch einen Doppelpfeil angezeigt. Außerdem taucht ein weiterer gekrümmter Pfeil mit dem Zusatz "90°" auf. Dieses Zeichen bedeutet, daß die Faltarbeit vom Tisch aufgehoben und um 90 Grad nach links oder rechts gedreht wieder hingelegt werden muß. Dazu ist die Form zu öffnen, die rechte Ecke wird auf die linke Ecke gelegt, Vorder- und Rückseite der Arbeit klappen um die Mittelachse nach rechts und links aus.

Geeignete Papiere

Zeitungspapier steht in beliebiger Menge und kostenlos zur Verfügung: es ist darum das beliebteste Bastelmaterial für Papierhüte. Zumindest mit den überregionalen Tageszeitungen und großen Regionalblättern bietet es sich auch in einem ausreichend großen Format an. Oft wird die ganze Doppelseite benötigt, zuweilen genügt aber schon eine Einzelseite. Bei kleineren Zeitungsformaten und bei Anzeigenblättern reicht die Einzelseite so gut wie nie (es sei denn, es sollte ein Hut für eine Puppe gefaltet werden) und ist auch die Größe einer Doppelseite schon knapp.

Bei den einzelnen Modellbeschreibungen sind genaue Hinweise darauf zu finden, welche Papiergröße benötigt wird. Beim Nachmessen der vorhandenen Zeitung wird es sich dann schon herausstellen, ob ihre Größe für das betreffende Modell ausreicht.

Dabei ist zu beachten, daß stets die knappste Größe angegeben ist: Es schadet nichts, beim Ausgangsformat ein paar Zentimeter zuzugeben (wenn es das Papier hergibt) oder Markierungen für die Kopfweite etwas großzügiger zu setzen.

Zeitungspapier ist das erstbeste Material, das man oft zur Hand hat – aber nicht unbedingt das beste Bastelmaterial für solche Hüte, die zum Beispiel als Kostümbestandteil in einem Theaterspiel dienen sollen oder die ein Kind längere Zeit benutzen will. Zwar könnte man auch aus dem Vorrat an Zeitungspapier, der sich in jedem Haushalt schon nach ein paar Tagen eingefunden hat, solche Seiten finden, die ein ruhigeres Druckbild aufweisen; man könnte Doppelseiten auswählen, die mit einem großen Bildmotiv oder mit einer aus riesigen Schlagzeilen gestalteten Anzeige bedruckt sind, so daß der Papierhut eine besondere grafische Gestaltung aufweist. Man könnte das Papier auch erst einmal mit Wasser- oder Plakatfarben bemalen und es nach ausreichender Trockenzeit verarbeiten. Aber um einiges attraktiver fällt ein Papierhut natürlich dann aus, wenn von vornherein ein dekorativeres Papier gewählt wird.

Da ist die Auswahl dann schier unüberschaubar – und die Abbildungen in diesem Buch geben (nicht nur wegen der Schwarzweißwiedergabe) nur einige wenige Beispiele, die jeder beliebig um andere Papiere vermehren kann.

Da ist zum Beispiel auf Packpapier zu verweisen, das man in zweierlei Qualitäten bekommt. Zum einen als das gewöhnliche braune Packpapier mit einer relativ derben Oberfläche – und das feinere und festere Natronkraftpapier, das gelblicher ist und eine feine Streifenmusterung aufweist. Beide Papiere gibt es bogenweise oder als Rollen. Für unsere Zwecke ist das gerollte Papier besser, weil die von der Rolle geschnittene Fläche noch durch keinerlei Falten beeinträchtigt ist. Packpapierrollen von 1 m Breite reichen mit ganz, ganz wenigen Ausnahmen für alle in diesem Buch vorgestellten Modelle aus.

Ein anderer reicher Fundus sind die Haushalts- und Geschenkpapiere. Als Haushaltspapiere werden einseitig farbige Papiere bezeichnet, die man in meistens 50 cm breiten und 5 m langen Rollen, aber auch bogenweise, meist im Format 50×70 cm, bekommen kann. Auch Geschenkpapiere sind in 50 bis 70 cm breiten Rollen oder in Bogen in den Größen 50×70 oder 70×100 cm zu finden. Sie sind in der Regel ebenfalls nur einseitig bedruckt und auf der Gegenseite weiß. Bei den Faltarbeiten liegt meistens die bedruckte Seite außen; so wird der Papierhut zum größten Teil das Papiermuster, und nur an wenigen Stellen – etwa an der hochgeschlagenen Krempe – die unbedruckte Seite zeigen. Es kann zuweilen aber auch ganz reizvoll sein, das Papier andersrum einzusetzen, also die Kappe eines Hutes weiß erscheinen zu lassen und dafür die Krempe mit dem Muster zu versehen. Man sollte diese ungewöhnliche Wirkung hin und wieder mal ausprobieren.

Für die Papierhutfertigung eignen sich natürlich nicht nur neue, extra für diesen Zweck gekaufte Geschenkpapiere. Wer es ohnehin gewohnt ist, Geschenke vorsichtig aus dem Einwickelpapier zu schälen, das Papier glattzustreichen und für ein Geschenk, das man selber zu verpacken hat, aufzubewahren, der wird einen interessanten Vorrat für die Hutmacherei haben ...

Tonpapiere sind ein gutes und edles Bastelmaterial für Papierhüte, vielleicht das edelste. Sie stehen in großer Auswahl in jedem Schreibwaren- und Bastelbedarfgeschäft zur Verfügung. Besonders groß aber ist die Farbauswahl in den Fachgeschäften für Mal- und Zeichenbedarf. Das Standardformat ist ebenfalls 50×70 cm; in den zuletzt genannten Fachgeschäften kann man auch 70×100 cm große Bogen finden.
Auch wenn sie eigentlich nur für wenige Hutmodelle, zum Beispiel die Kronen, verwendet werden, sollen doch, der Vollständigkeit halber, auch Gold- und Silberbastelpapiere erwähnt werden. Am häufigsten werden sie in 50 cm breiten und 2 m langen Rollen angeboten. In den spezialisierten Fachgeschäften wie auf den Geschenkpapierständern in Kaufhäusern findet man aber auch 70×100 cm große Bogen.
Es seien noch einige Papiersorten genannt, für die vielleicht nicht jeder Leser auf Anhieb eine Bezugsquelle wüßte, die aber dennoch für die Papierhutmacherei sehr interessant sind – so daß es sich lohnt, Bezugsquellen aufzutun und zu nutzen.
So können aus Tapetenresten phantastische Hüte entstehen. Vor allem aus sogenannten Metallic- oder Effekttapeten, deren schillernde und glänzende Oberfläche selbst einen simplen Papierhut zu einem bemerkenswerten Modeobjekt machen kann. Allerdings: Diese Tapeten gibt es nur in 60 cm oder gar nur 50 cm breiten Rollen und sie bestehen aus einem relativ dicken und etwas widerspenstigen Papier, so daß es zumindest für Kinderhände nicht leicht sein dürfte, mit diesem Papier zu arbeiten. Dennoch: Es lohnt sich, beim Tapezierer oder in einem Tapetenfachgeschäft nach solchen Resten zu fragen – aber auch nach den Resten anderer Dekortapeten, vor allem nach solchen, die über die Standardbreite von 53 cm hinausgehen. Fast alles läßt sich zu Papierhüten verarbeiten, auch wenn es bei dickerem Material schwierig wird, zwei, drei oder mehr Papierlagen noch einmal akkurat zu falten. Nicht selten muß Klebstoff helfen, den Hut in Form zu halten und zu verhindern, daß die Falten aufspringen.
Es empfiehlt sich auch, bei einer Buch- oder Zeitungsdruckerei zu fragen, ob man Ausschuß in Form von Restrollen (vom Rotationsdruck) oder Andruck- und Korrekturbogen bekommen kann. Restrollen bekommt man vielleicht nicht kostenlos, aber für ein paar Mark (eine Spende in die Kaffeekasse der Drucker) erhält man Papier in Überbreite – und oft liegt noch ein ordentlicher Papiervorrat auf der Rolle. Auch Andruck- und Korrekturbogen sind ein gutes Bastelmaterial mit meist sehr großen Formaten. Auch hier kann die Spende in die Kaffeekasse sicher die meisten Abteilungsleiter bewegen, nicht mehr benötigte Bogen nicht zerknüllt in den Sammelbehälter zu werfen, sondern für den Papierhutmacher plan aufzubewahren.

Papiere für Applikationen

Wer attraktive Papierhüte falten will, wird nicht nur das Bastelmaterial für den Hut selbst besorgen und bereitlegen, sondern auch an Materialien für die Verzierung denken. Federn, Federbuschen, Pompons, Rosetten und andere Applikationen können vielleicht aus einer gut sortierten Krabbelkiste genommen werden, stilechter ist es aber, auch diese Dekorationen aus Papier zu fertigen.
Dafür steht zum einen das Material, aus dem der Hut selbst gebastelt ist, zur Verfügung. An einen Hut aus Zeitungspapier kann man sich auch einen »Gamsbart« aus Papier stecken. Selbst steifes Tonpapier kann zu sehr leicht und flockig wirkenden Federn verarbeitet werden, wenn man die Federäste nur schmal genug schneidet. Aber besser ist es wohl, für solche Zwecke das besser geeignete Krepp- oder Seidenpapier, oder auch mal ein dünnes Schreibpapier zu nehmen (das in vielen Kaufhäusern und Schreibwarengeschäften ja ebenfalls in vielen Farben angeboten wird). Selbst das Papier von Prospekten oder Illustrierten läßt sich verwenden. Wenn eine Fläche nur fein genug »tranchiert« wird und dann zu einem Pompon oder Federbuschen bzw. Gamsbart aufgewickelt wird, sind die Text- und Bildflächen als solche nicht mehr zu erkennen, wirkt nur noch die Farbe.

Werkzeuge, Hilfsmittel

Für die einfachsten Modelle oder solche Hüte, die aus dem vollen Format einer Zeitungs(doppel)seite gefaltet werden, braucht man keinerlei Werkzeug – und wenn man geschickt ist, noch nicht einmal einen Werktisch. Auch auf dem Fußboden läßt sich ein Papierhut falten; und wenn man alle Falten energisch genug mit dem Daumennagel nachzieht, halten die Falten das fertige Gebilde nachher sicher zusammen.

Oft aber braucht man eine mit dem Zeitungsformat nicht übereinstimmende Papiergröße. Dann sind zunächst einmal Zollstock oder Schneidermaß, Bleistift oder Kugelschreiber nötig. Ein nur 30 cm langes Lineal ist nicht günstig. Man könnte aber auf der Kante einer Zeitungsseite zumindest eine 5-cm-Teilung antragen und diese Kante dann als Hilfslineal benutzen. Oder man nimmt einen ein Meter langen Papiermaßstab zur Hand, wie man ihn kostenlos in Bau- und Heimwerkermärkten oder in Möbelmitnahmegeschäften bekommen kann. Wenn man diesen Papierstreifen auf eine 1×2 cm starke Holzleiste klebt, hat man ein Meßwerkzeug, das sogar praktischer als der Zollstock oder das Schneidermaß zu handhaben ist.

Ein Zeichenwinkel kann gute Dienste tun, wenn man ein Papier rechtwinklig zuschneiden muß; bei längeren Strecken wird die Arbeit mit dem nur 30 cm langen Gerät aber nicht selten ungenau. Da ist es dann schon besser, ein Blatt Zeitungspapier zur Überprüfung des rechten Winkels zu Hilfe zu nehmen.

Bei einigen Modellen wird eine kreisrunde Papierfläche als Ausgangsformat benötigt. Und dafür braucht man natürlich einen Zirkel (mit Verlängerungsstange, wenn der Radius größer sein soll). Ein improvisierter Zirkel besteht aus einer Holzleiste, an deren einen Ende ein Nagel durch das Holz geschlagen wird (als Zentrierspitze); im gewünschten Abstand = Radius schnitzt man eine Kerbe in eine Kante der Leiste und legt darin den Bleistift an, mit dem nur der Kreis gezeichnet wird.

Fürs Zuschneiden der Papiere nimmt man entweder eine große Papierschere oder eine Haushaltsschere – oder aber ein Bastelmesser mit Abbrechklinge. Gerade Schnitte sind mit dem Messer im Nu ausgeführt (ein Lineal oder eine Holzleiste als Führung benutzen). Als Unterlage braucht man eine ausreichend große Pappe oder ein Stück Hartfaserplatte – oder auch einfach eine dicke Lage Zeitungspapier.

Die meisten Papierhüte in diesem Buch bekommen durch präzis angelegte Falten und durch scharfes Nachziehen der Faltlinien eine ausreichend stabile Form. Zum Nachziehen der Faltlinien kann man, wie schon erwähnt, den Daumennagel nehmen. Man kann dazu aber auch einen Messer- oder Scherenrücken nehmen. Das beste Werkzeug ist ein sogenanntes Falzbein, eine flache »Klinge« aus Kunststoff mit stumpfer Spitze und abgerundeten Kanten. Streicht man mit diesem Werkzeug über einen Papierfalz, wird bedeutend mehr Druck als mit dem bloßen Fingernagel ausgeübt, zugleich wird das Papier schonender als mit dem Messer- oder Scherenrücken bearbeitet.

In einigen Fällen genügt das präzise, scharfkantige Falten jedoch nicht, um den fertigen Hut in Form zu halten. Zuweilen sind dann doch ein paar Kleckse Klebstoff nötig oder es müssen zwei Teile mit Heftklammern zusammengehalten werden. In den jeweiligen Arbeitsanleitungen ist zu lesen, ob und wo diese Hilfsmittel einzusetzen sind. Wenn Klebstoff gebraucht wird, dann höchst sparsam. Ein winziger Tropfen reicht in aller Regel aus, denn er soll ja nur das Auseinanderklaffen zweier Teile verhindern, deren Zusammenhalt zum größten Teil an sich schon durch das Falten gewährleistet ist: Faltarbeiten sollen Faltarbeiten bleiben und nicht in Klebearbeiten umgemünzt werden.
Etwas anderes ist es natürlich, wenn Applikationen auf dem Hut befestigt werden. Da muß der Klebstoffklecks schon etwas größer ausfallen, da genügt vielleicht auch die Klebekraft eines einfachen flüssigen Papierklebers oder eines Klebestifts nicht (weil hier nicht einfach glatte Papierflächen plan aufeinander liegen – weil man nicht mit dem Hut in der Hand warten will, bis die Verbindung fest geworden ist). Ein Alles- oder Kontaktkleber ist nicht selten das richtige Mittel, die Teile schnell und haltbar zu verbinden: Beide Teile dünn bestreichen, das Lösemittel verdunsten lassen, ein Teil noch einmal hauchdünn bestreichen und dann beide Stücke zusammenfügen. Die Verbindung hält dann sofort ganz zuverlässig.

Heftklammern können solche Montagen unterstützen – oder auch als alleiniges Befestigungsmittel eingesetzt werden. Wenn sie bei einem Hut eine Applikation halten sollen, wird man sie im allgemeinen von außen nach innen eintreiben: Auf der Innenseite des Hutes ist zu prüfen, ob die Spitzen ganz flach auf dem Papier liegen und somit keine Verletzungsgefahr besteht. Wo nicht, sollte man die Klammerspitzen mit einem Messer oder einer Schere vollends niederdrücken; zusätzlich sollte über die Klammer ein Streifen Klebefilm oder einfach ein Stück Papier geklebt werden.

Der Helm aller Helme

Dieses Modell kennt wohl jeder Leser; es ist der einfachste aller Papierhüte – und zugleich die Grundform für eine Reihe von Varianten, die in diesem Buch noch vorgestellt werden. Mit vier, fünf Handgriffen ist er zu falten; wenn man ganz schnell einen Schutz vor der heißen Sonne braucht, kann man ihn auch mal auf den Knien falten.

Für einen Kinderkopf reicht schon eine einzelne Zeitungsseite; üppiger – und dann auch für die Kopfweite eines Erwachsenen passend – fällt er aus, wenn man ihn aus einer Doppelseite faltet.

Die Faltschritte:

1 Das Papier in der Mitte falten und dann noch leicht in der senkrechten Mittelachse falten, und wieder öffnen.

2 Die beiden oberen Ecken an die Mittellinie anlegen und die schräge Kante scharf nachziehen.

3 Den unteren Rand entweder in voller Breite nach oben umschlagen oder erst einmal auf halbe Breite falten und dann vollends nach oben umschlagen.

4 Das Papier wenden, an den Seiten die überstehenden Dreiecke des Umschlags auf der Rückseite umfalten. Dann auch auf dieser Seite den unteren Rand hochschlagen und die Randdreiecke nach hinten falten.

Der Helm für Spione

Anfänger im Spionieren halten sich eine Zeitung vors Gesicht und tun so, als ob sie eifrig läsen – derweil beobachten sie die Szene durch ein Loch in der Zeitung. Fortgeschrittene in der Kunst des Observierens falten einen reichlich groß bemessenen Papierhut und schneiden in dessen Frontseite zwei Sehschlitze. Wer Holzauge für schlafend hält, ist auf dem Holzweg...

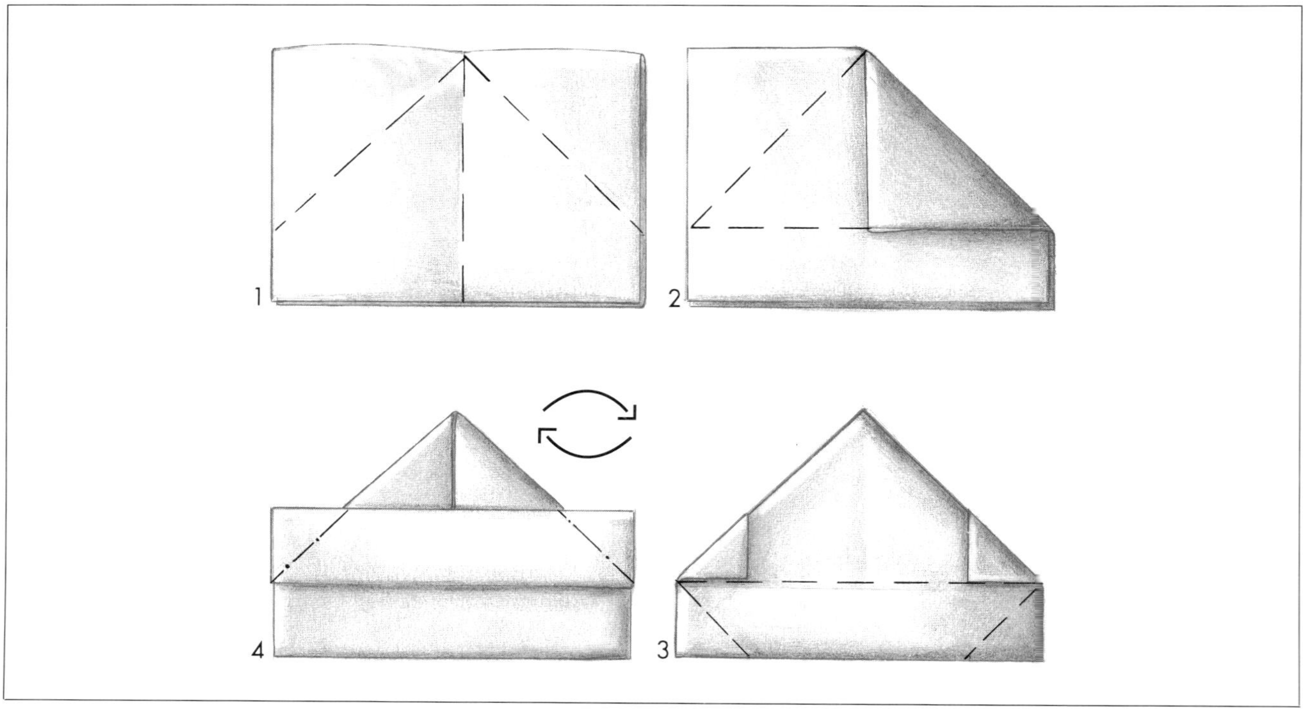

Alaska befürchtet

Der Dreispitz

Obwohl diesen Dreispitz vom »Helm aller Helme« eigentlich nur zwei weitere Faltschritte unterscheiden, kann er um vieles attraktiver wirken. Dann nämlich, wenn man Papier verwendet, dessen eine Seite weiß, dessen andere Seite farbig ist. Man legt den Bogen so zusammen, daß die weiße Seite außen liegt: Mit den am Schluß hochgeklappten Dreiekken kommt dann aber die Farbe zum Vorschein.

Der Dreispitz hat nur 7/10 der Größe des einfachen Papierhelms; auch für einen Kinderkopf braucht man deshalb einen Papierbogen von der Größe einer Zeitungsdoppelseite.

Man faltet den Dreispitz zunächst genauso wie den »Helm aller Helme« (wobei man hier darauf verzichten kann, die seitlich überstehenden Teile der Krempe jeweils auf die Gegenseite umzuschlagen). Dann werden die beiden unteren Ecken aufeinander gelegt und der Helm dabei um 90 Grad gedreht auf dem Tisch abgelegt. Die oberen Seitenkanten scharf nachstreichen, dann auf Vorder- und Rückseite die unteren Dreiecke nach oben schlagen. Je nachdem, ob man die Dreiecke ganz oder nur zu einem Teil umschlägt, bleibt weniger oder mehr vom innen liegenden (weißen) Papier zu sehen.

Man kann den Dreispitz mit einer Spitze oder der Breitseite nach vorn tragen; man kann ihn mit einer Feder schmücken oder auf die Breitseite eine Rosette applizieren (s. Seite 65).

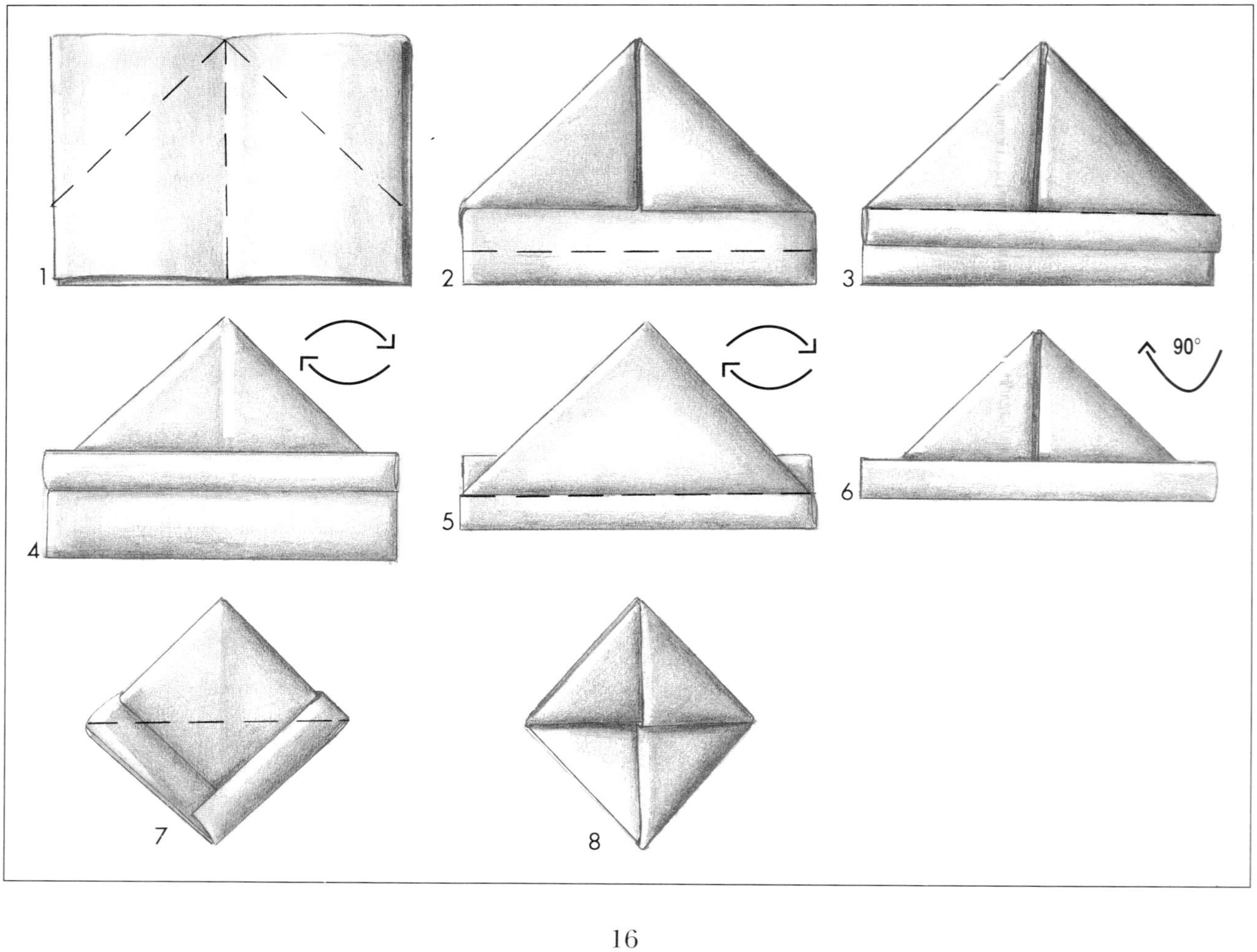

Ein Spitzenhäubchen

Zurück zur Grundform des Papierhelms: Das hier vorgestellte Modell wird wie der »Helm der Helme« gefaltet – und dann wird der umgeschlagene Rand mit einem »Spitzenbesatz« versehen:

Mit Messer oder Schere arbeitet man in den Rand ein Durchbruchmuster. Man kann auch Teile von sogenannten Tortenspitzen applizieren. Die wie gehäkelt wirkenden Randstreifen dieser Papierunterlagen wirken besonders gut, wenn sie auf farbiges Papier aufgeklebt werden. Man kann die Tortenspitzen aber auch mit Wasserfarbe oder farbiger Holzbeize färben, ehe man sie auf das aus weißem Papier gefaltete Häubchen aufklebt (die Tortenspitzen zuvor zum Trocknen wie Wäsche auf einer Schnur aufhängen).

Die Form des Spitzenhäubchens wirkt auf dem Kopf etwas weicher und gefälliger, wenn die obere Spitze nach hinten umgeschlagen wird.

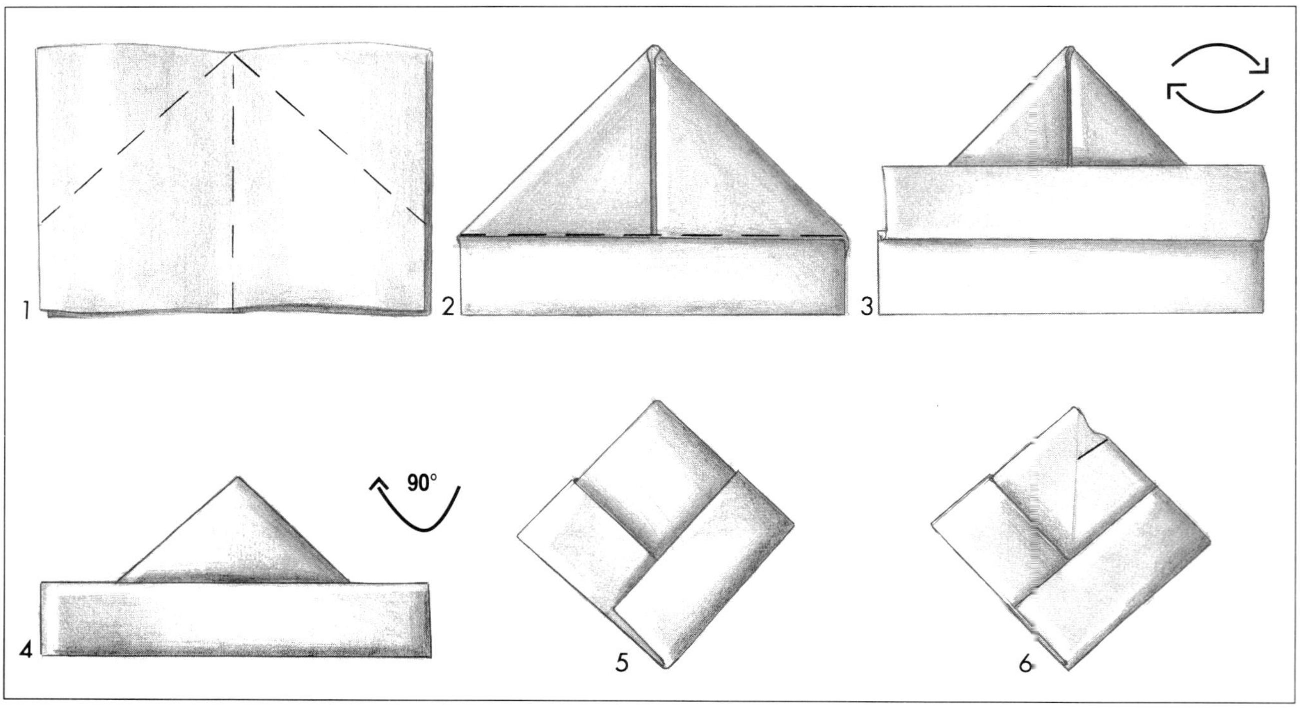

Der Südwester

Verblüffende Ähnlichkeit mit einem echten Südwester weist diese Helmvariante vor allem dann auf, wenn sie aus gelbem oder olivfarbenem Glanzpapier gefertigt wird. Wie der echte Wetterschutzhut kann die hochgeschlagene Krempe über der Stirn herablaufendes Wasser zur Seite ableiten.

Der weit herabgezogene hintere Teil des Hutes verhindert, daß einem Wasser in den Nacken läuft (da auch das Glanzpapier nicht wasserfest ist, wäre der beschriebene Schutz allerdings von ganz kurzer Dauer, wollte man den Südwester wirklich im Regen testen).

Die Zeichnungen zeigen deutlich, daß der Südwester wie der »Helm der Helme« begonnen wird – daß dann aber der untere Rand nur auf einer Seite hochgeschlagen wird: Das wird dann die Hutkrempe über der Stirn. Wer will, kann den unteren Teil des Hutes durch einen bogenförmigen Schnitt vom Ende der Krempe bis zur hinteren Ecke noch mehr der Form des Originals angleichen.

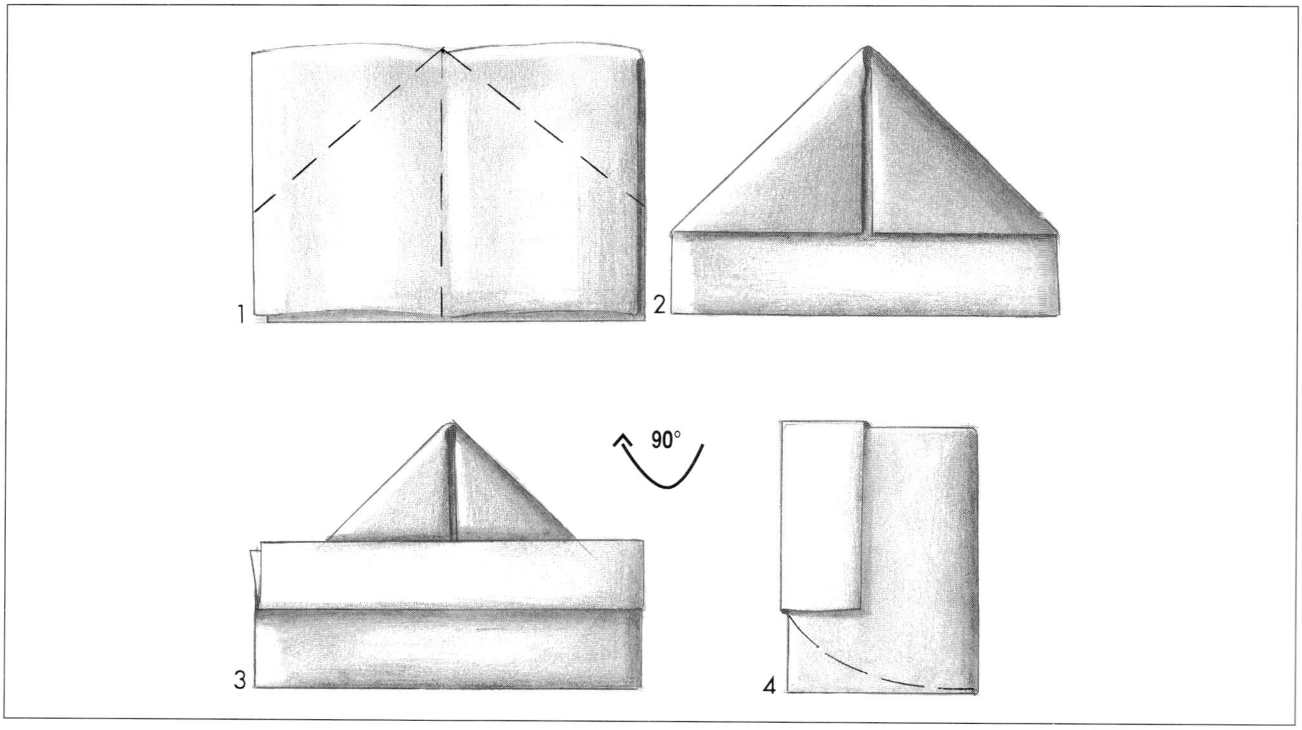

Der Jägerhut

Aufmerksame Leser werden sofort merken, daß dieses Modell ein Zwischending zwischen dem »Helm aller Helme« und dem Dreispitz ist: Hier wird nach Fertigstellung der Grundform nur eine Dreieckfläche nach oben zur Helmspitze umgeschlagen. Dies wird dann die Hinterkopfpartie des Jägerhutes, der mit der langen Spitze einen hervorragenden Blendschutz auch bei tiefstehender Sonne (dem typischen »Büchsenlicht« ...) bietet.

Für einen Kinderkopf kann die Größe einer einzelnen Zeitungsseite – also ein Papierformat von etwa 40 × 55 cm – ausreichen; besser ist es aber, ein wenigstens 46 cm breites Papier zu verwenden. Wenn ein Erwachsener den Jägerhut als Sonnenschutz falten will, wird eine Zeitungsdoppelseite benötigt. Ein Testmuster zeigt einem, ob vom Papier in Höhe und Breite schmale Randstreifen abzutrennen sind, damit der Hut knapper sitzt.

Richtig zünftig sieht der Jägerhut natürlich dann aus, wenn er aus grünem Tonpapier gefaltet wird und noch mit einer echten – oder aus Papier gefertigten Feder verziert wird (siehe Seite 66). Ein solches Prachtexemplar kann sich dann auch in einer Laientheateraufführung auf der Bühne sehen lassen. Und wenn dann ein Wildererdrama gespielt wird, dann wird dem Wilderer der Wildererhut verpaßt, der auf der nächsten Seite vorgeführt wird.

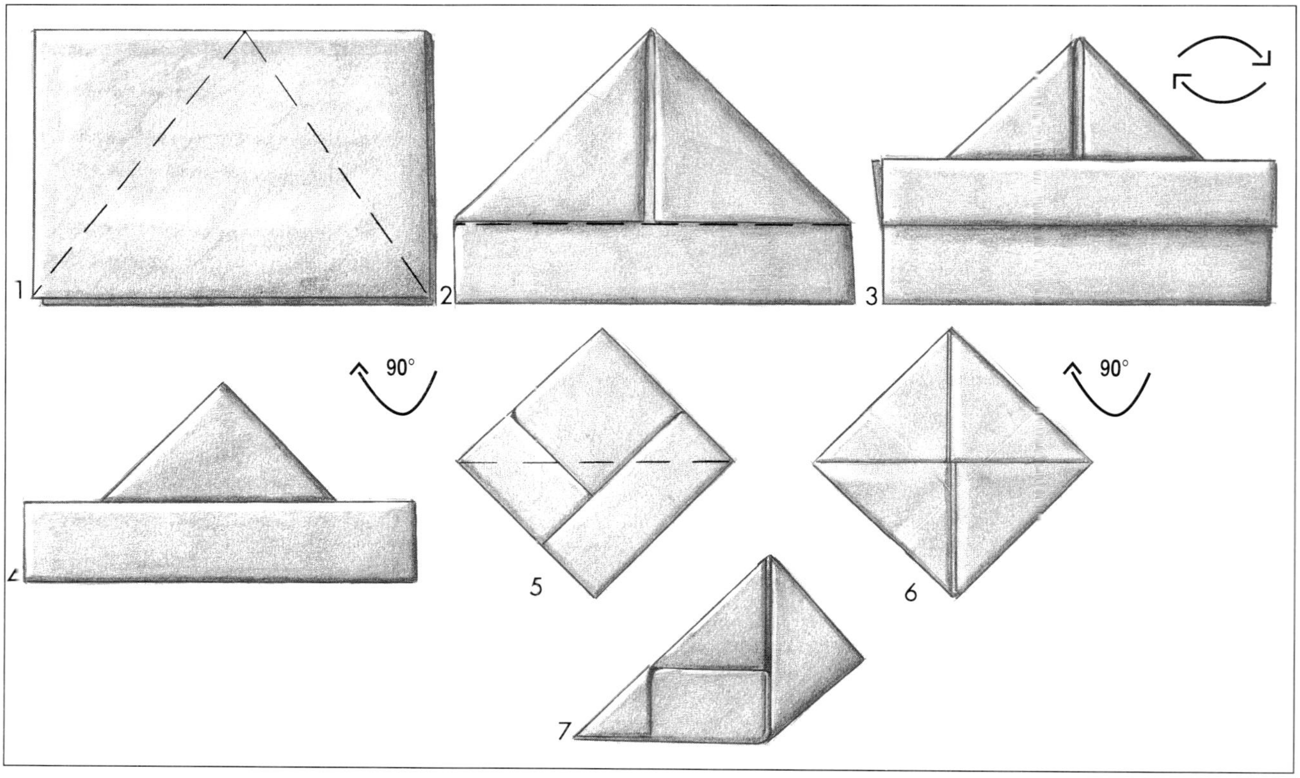

Des Wilderers Hut

Die Verwendung dieses Hutes bleibt natürlich nicht auf die Bühnenaufführung eines Wildererdramas nach Ganghofer beschränkt: Auch der friedfertigste Mensch kann sich damit schmücken und behüten.

Ausgangsform ist wieder der »Helm aller Helme«, dessen untere Ecken zusammengelegt werden, so als wolle man den Dreispitz oder den Jägerhut formen.

Im vierten Faltschritt wird nun aber nicht die ganze untere Hälfte in einem Stück nach oben geschlagen, sondern zunächst deren untere Hälfte – und dann erst der zweite Teil. Das gleiche wird auf der Rückseite gemacht. Dann wird die Hutform noch einmal um 90 Grad gedreht zusammengefaltet und abermals ein Teil des unteren Dreiecks nach oben geschlagen: das ergibt dann die hochgeschlagene Krempe im Nacken.

Die Hutform kann dadurch variiert werden, daß im vierten Faltschritt die linke untere Kante an die Verbindungslinie zwischen linker und rechter Ecke herangefaltet und dann der Rest des unteren Teils hochgeschlagen wird: Die seitlichen Krempen laufen dann zur vorderen Hutspitze aus.

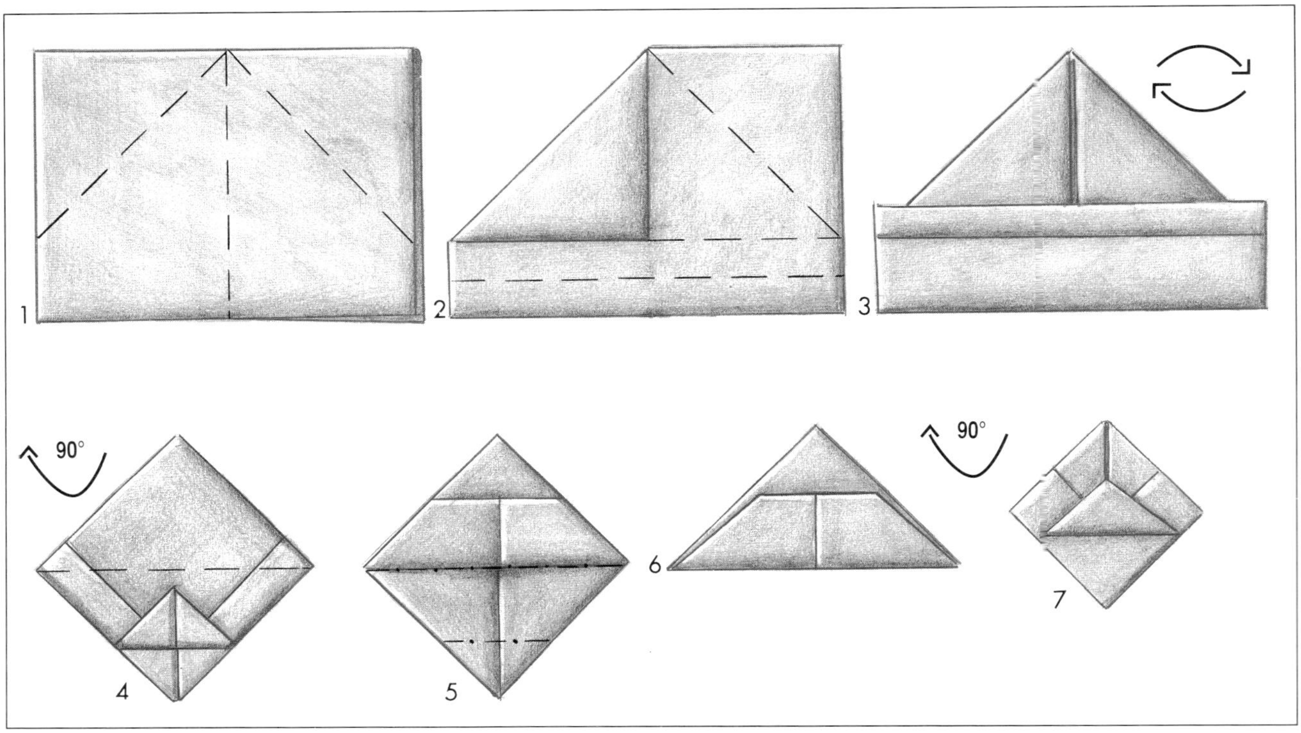

Eine Holländerhaube

Ähnlich einfach wie die Grundform des Papierhelms ist diese Haube zu falten. Markantester Unterschied zum »Helm aller Helme«: Die beiden oberen Ecken des doppelt liegenden Papierbogens werden nicht an die Mittellinie gefaltet, sondern so umgeschlagen, daß zwischen den beiden heruntergefalteten Dreieckflächen ein Abstand bleibt. Das ergibt einerseits einen breiteren unteren Umschlag, andererseits eine stumpfe Spitze und läßt die ganze Haube breit erscheinen.

Die Faltschritte:

1 Das Papier doppelt legen, die senkrechte Mittellinie durch einen leichten Knick markieren. In gleichmäßigen Abständen von jeweils 4 bis 7 cm zur Mittellinie die oberen Ecken herunterfalten.

2 Den unteren Rand nach oben umschlagen – aber nicht bündig mit den Unterkanten der umgeschlagenen Dreieckflächen.

3 Eventuell mit einigen Klecksen Klebstoff Dreieckflächen und Krempe miteinander verbinden.

4 Das Papier wenden und auch auf der Rückseite den unteren Rand zur Krempe hochschlagen. Beide Krempen an den Außenkanten leicht mit Klebstoff zusammenkleben oder zusammentakkern.

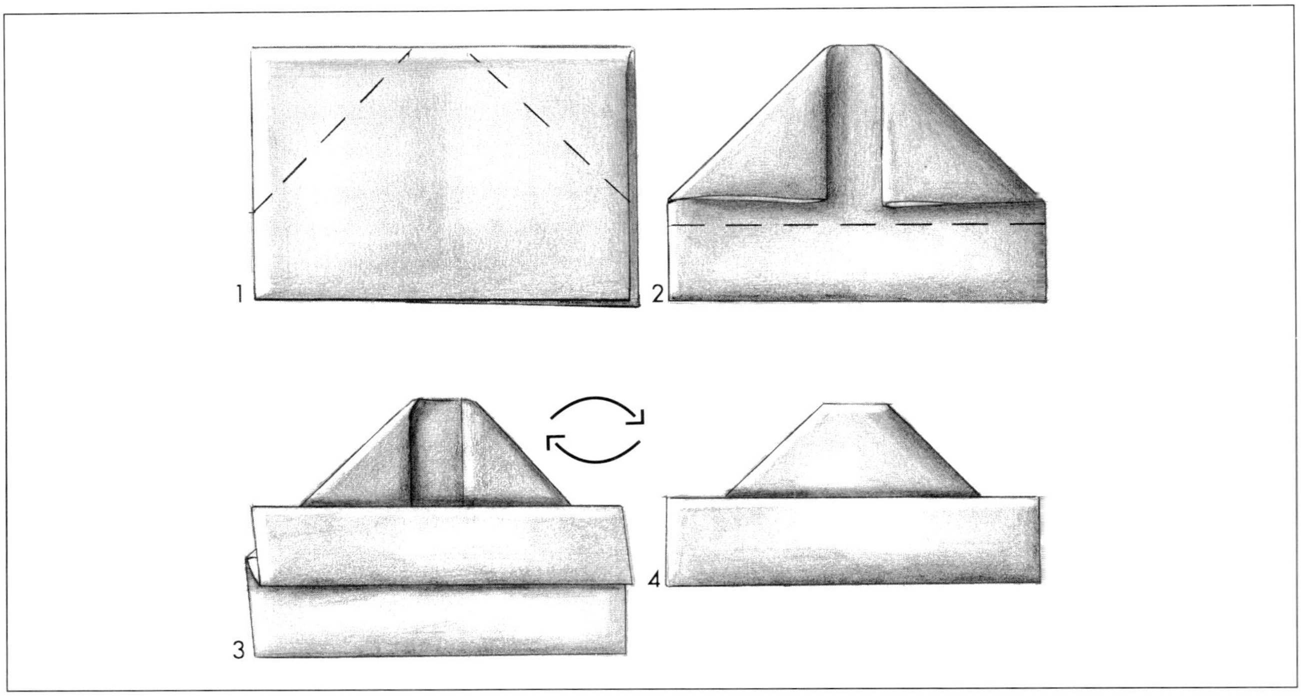

Die zweite Holländerhaube

Die charakteristische Form der Holländerhaube mit der hohen Krempe, der stumpfen Spitze und den markanten »Flügeln« zu beiden Seiten kann auch dadurch erreicht werden, daß ein normaler »Helm aller Helme« gefaltet wird – und dann die Spitze nach hinten gefaltet und festgeklebt wird.

Je nach dem Ausgangsformat des Papiers (eine Zeitungsdoppelseite sollte es schon sein) kann der untere Rand in einem Stück nach oben umgeschlagen werden – oder aber in zwei Etappen. Je nachdem, welche Lösung man wählt, wird eine breitere oder schmälere Krempe entstehen.

Die Faltschritte:

1 Das Papier doppelt legen, die senkrechte Mittellinie durch einen leichten Knick markieren. Dann die oberen Ecken an die Mittellinie falten.

2 Den unteren Rand je nach Wunsch in einem Stück oder mit einer Zwischenfaltung nach oben umschlagen.

3 Das erste Teilstück mit einer Talfalte dicht unter den Dreieckflächen nach oben umschlagen.

4 Das Papier wenden und auch auf der Rückseite die Krempe falten.

5 Die obere Spitze nach unten falten und mit etwas Klebstoff fixieren.

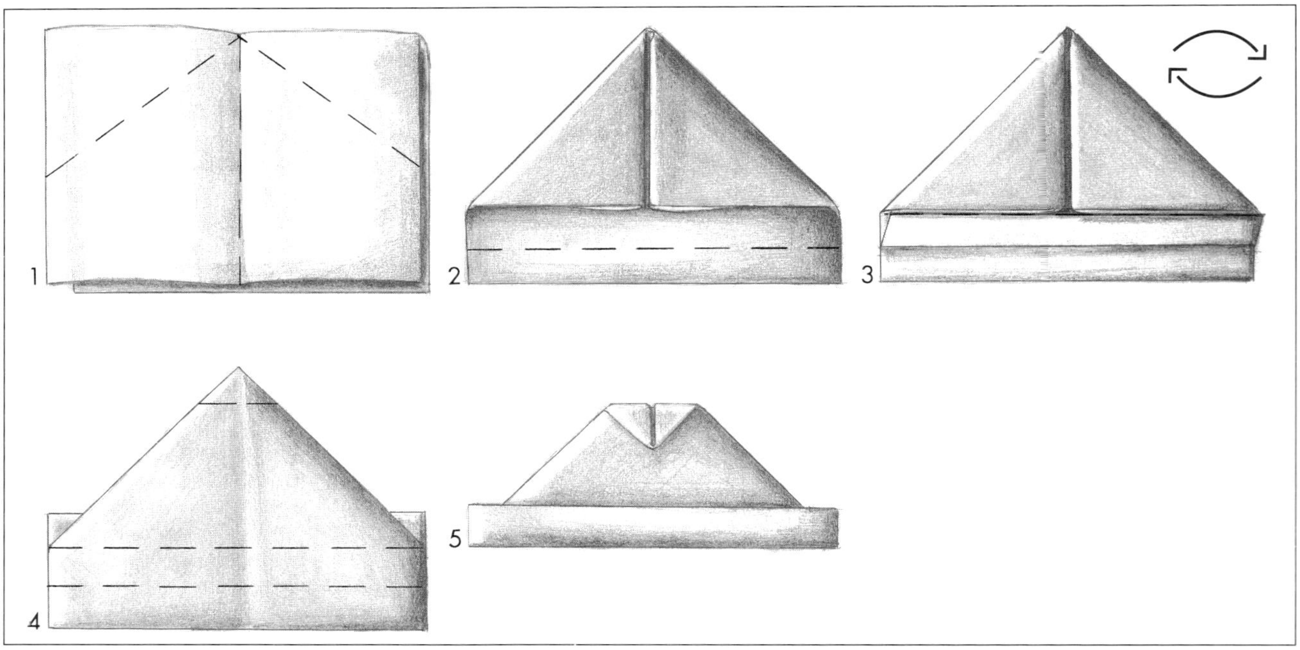

Der Bischofshut

Die Bischöfe der katholischen Kirche tragen bei festlichen Anlässen bzw. im Gottesdienst die Mitra, einen Hut mit zwei hintereinanderliegenden Spitzen – mit dem das hier vorgestellte Modell eine sehr starke Ähnlichkeit hat. Natürlich nicht so sehr, wenn es lediglich aus Zeitungspapier gefaltet wird (wie man es zuweilen auf den Köpfen griechischer Hütejungen sehen kann): Ansehnlich wird der Hut, wenn er aus farbigem Tonpapier gefertigt und eventuell noch mit Applikationen aus andersfarbigem, gold- oder silberfarbenem Papier verziert wird. Dann kann sich der Hut auch als Bestandteil des Kostüms für ein Theaterspiel zum Nikolaustag oder Krippenspiel sehen lassen.

Ausgangsform ist der »Helm aller Helme«. Auch für einen Kinderkopf braucht man eine Zeitungsdoppelseite bzw. einen 50×70 cm großen Bogen Tonpapier (oder ein entsprechend großes Stück Geschenk- oder Glanzpapier). Der Hut läßt sich leicht auf jede Kopfweite genau einstellen: Bevor man in Faltschritt 4 die Seitenkanten auf die Rückseite des Hutes umfaltet, mißt man von der Mittellinie aus nach rechts und links gut ein Viertel der Kopfweite des vorgesehenen Hutträgers ab; die Markierungen zeigen die Positionen der Bruchlinien für die seitlichen Einschläge an.

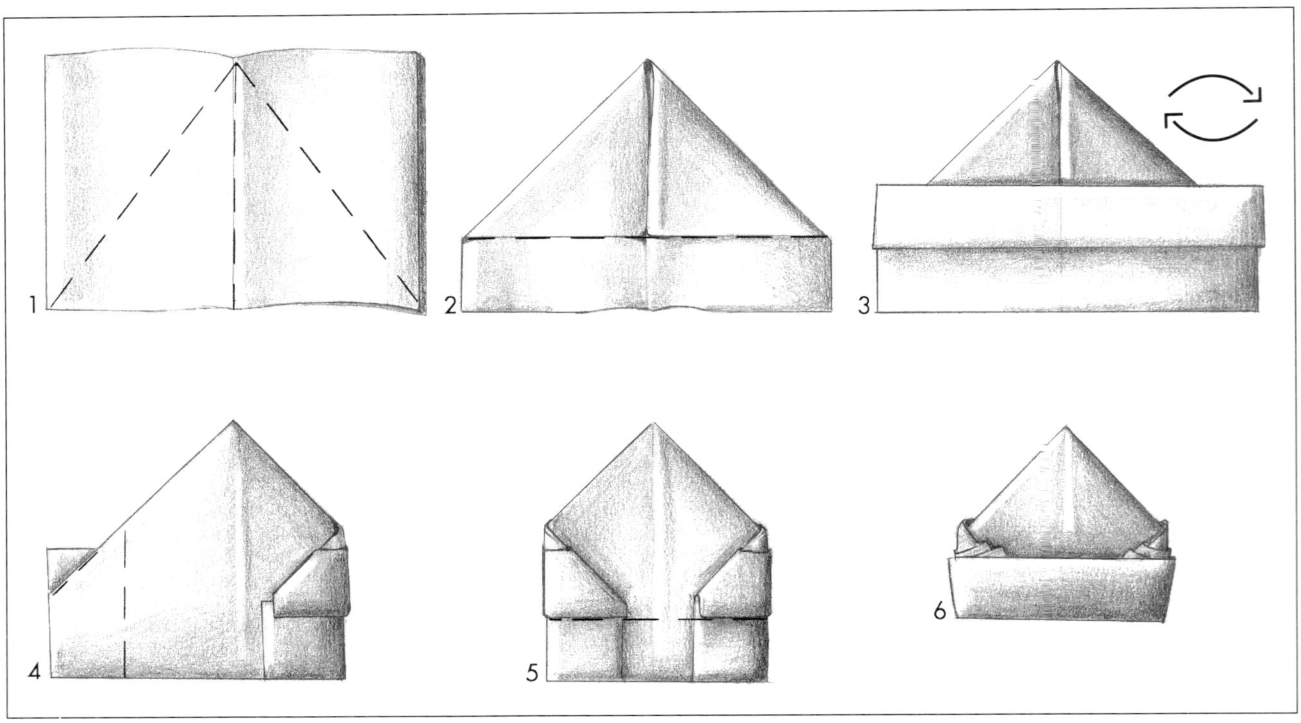

Der Hut des Erzbischofs

Nach dem auf Seite 30 vorgestellten Bischofshut hier ein zweites, ähnliches Modell. Es wird allerdings anders gefaltet, sieht vorn wie hinten gleich gut aus – und steht deshalb wahrscheinlich eher einem Erzbischof zu ...

Auch hier wird man wohl nur den ersten Versuch mit Zeitungspapier falten, dann Glanzpapier, Tonpapier oder gar Goldpapier als Bastelmaterial verwenden. Es wird ein Papier in der Größe einer Zeitungsdoppelseite benötigt – sowohl für den Kinder- wie den Erwachsenenkopf; die richtige Kopfweite kann durch die in Faltschritt 6 gezeigten Umschläge eingestellt werden.

Die Faltschritte:

1 Das Papier in der Mitte falten.

2 Die unteren Ecken zur Mitte falten.

3 Das Papier wenden und auch hier die Ecken zur Mitte falten.

4 Je nach den Proportionen des gewählten Papiers die ganze Dreieckfläche oder den größten Teil bis auf einen Streifen von 3 bis 5 cm nach oben falten (der darüberliegende Teil darf nicht zu knapp sein, weil sonst der Hut nicht weit genug über den Kopf gestülpt werden kann).

5 Das Papier wenden. Die Ecken rechts und links schräg nach innen falten.

6 Die Ecken rechts und links nach innen umschlagen. Der Abstand zwischen den Faltlinien entspricht der halben Kopfweite.

7 Die untere Hälfte nach oben falten. Den Hut öffnen.

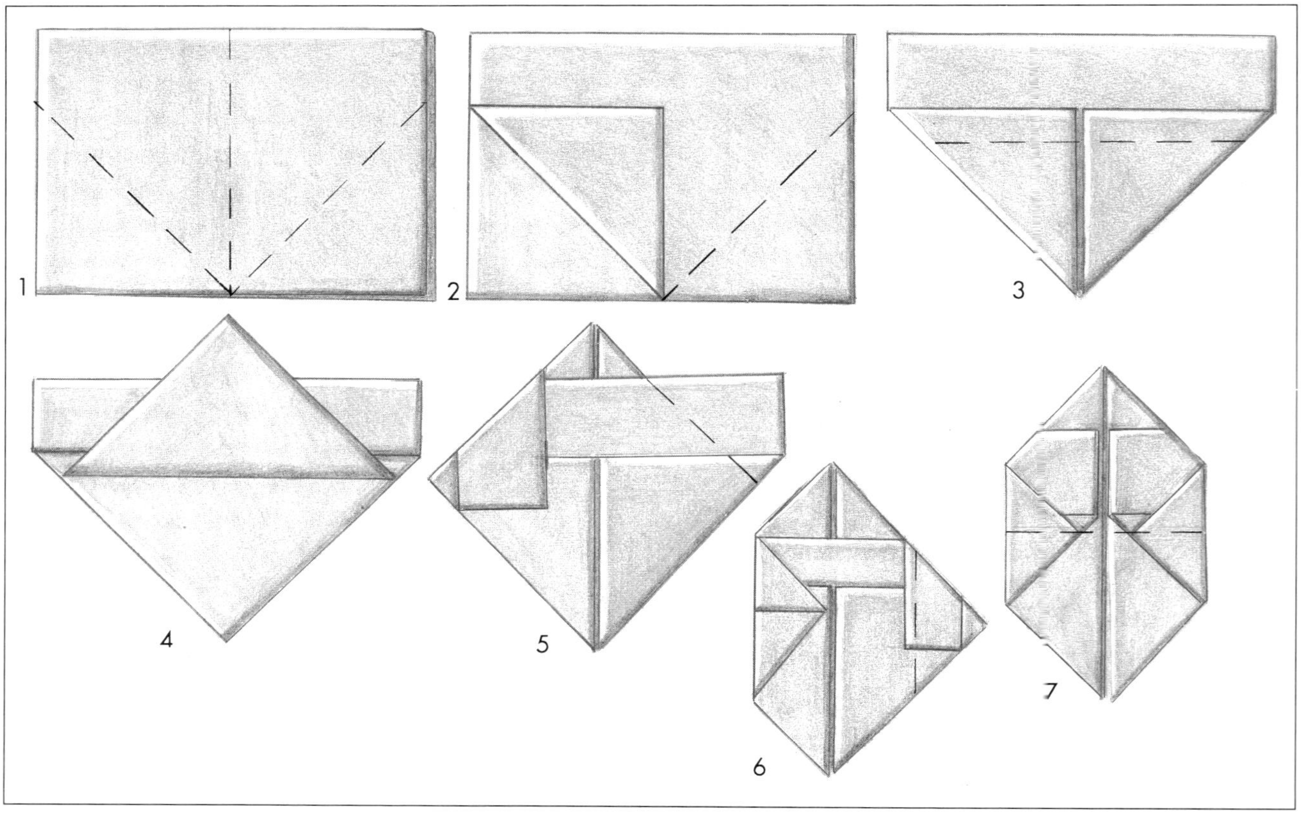

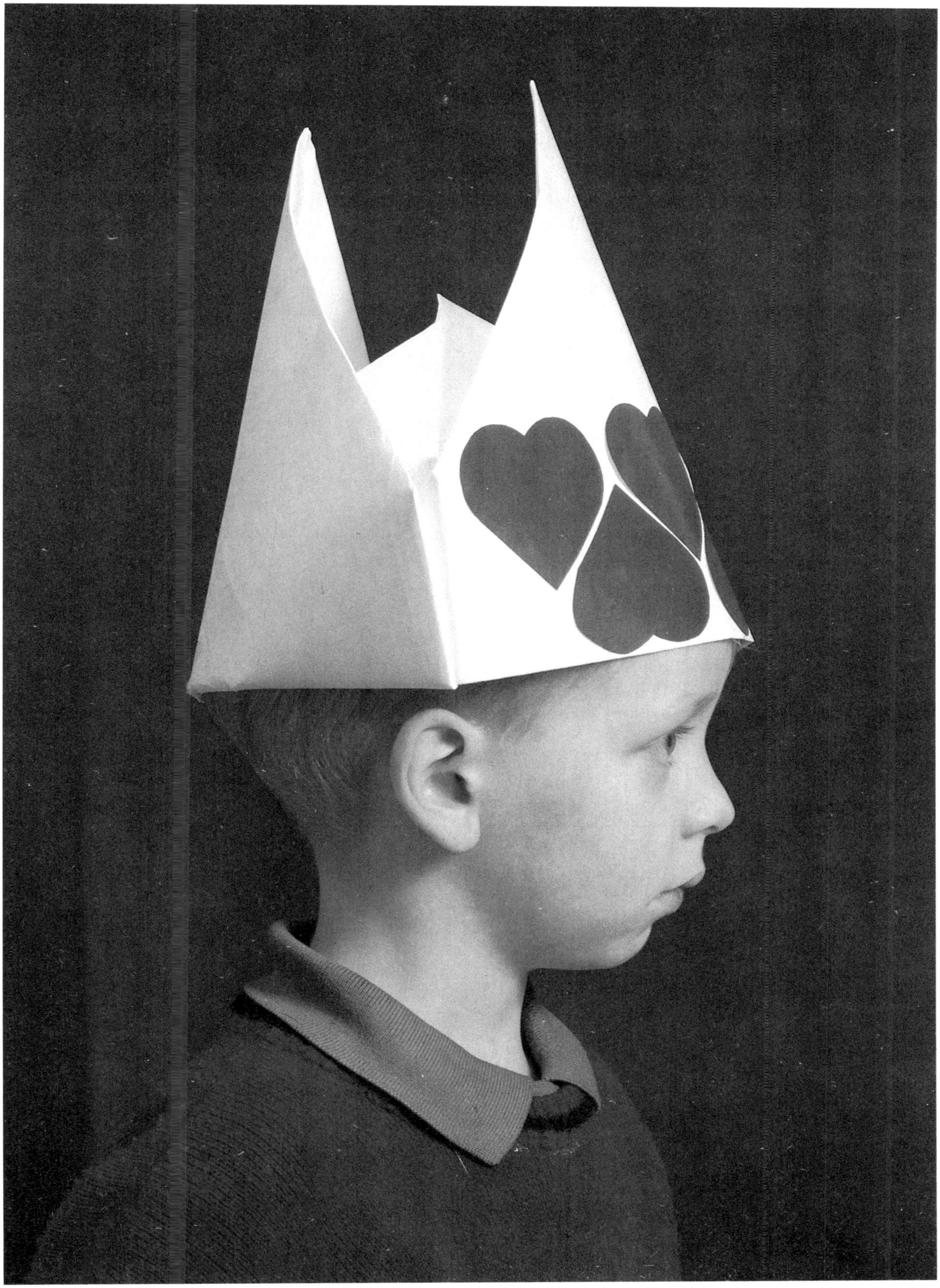

Der Mandarinhut

Einem anderen Würdenträger wollen wir dieses Hutmodell zuschreiben: den chinesischen Staatsbeamten zur Kaiserzeit, den Mandarinen. Sie trugen einen schwarzen Seidenhut, mit dem dieser Papierhut eine gewisse Ähnlichkeit hat.

Die Zeichnungen zeigen, daß die Entstehung dieses Modells nicht gar so verschieden von der des Bischofshutes ist, der auf den vorigen Seiten vorgestellt worden ist. Auch hier wird ein Papier in der Größe von etwa 50×70 cm benötigt, das in der Mitte gefaltet wird. Die beiden oberen Ecken werden schräg nach unten bis nahe an die Mittellinie umgeschlagen. Der untere Rand wird nach oben umgeschlagen. Man kann ihn mehr oder weniger weit umschlagen (es sollten aber wenigstens die nach unten gefalteten oberen Ecken verdeckt werden); man kann den Rand in einem Stück umschlagen oder ihn erst einmal auf halber Höhe falten. Man kann diese Variationen an einem Bogen Zeitungspapier ausprobieren und dabei erkennen, welche Hutform einem besser gefällt.

Der verhältnismäßig hohe Umschlagrand auf der Rückseite kann durch ein paar Kleckse Klebstoff fixiert werden.

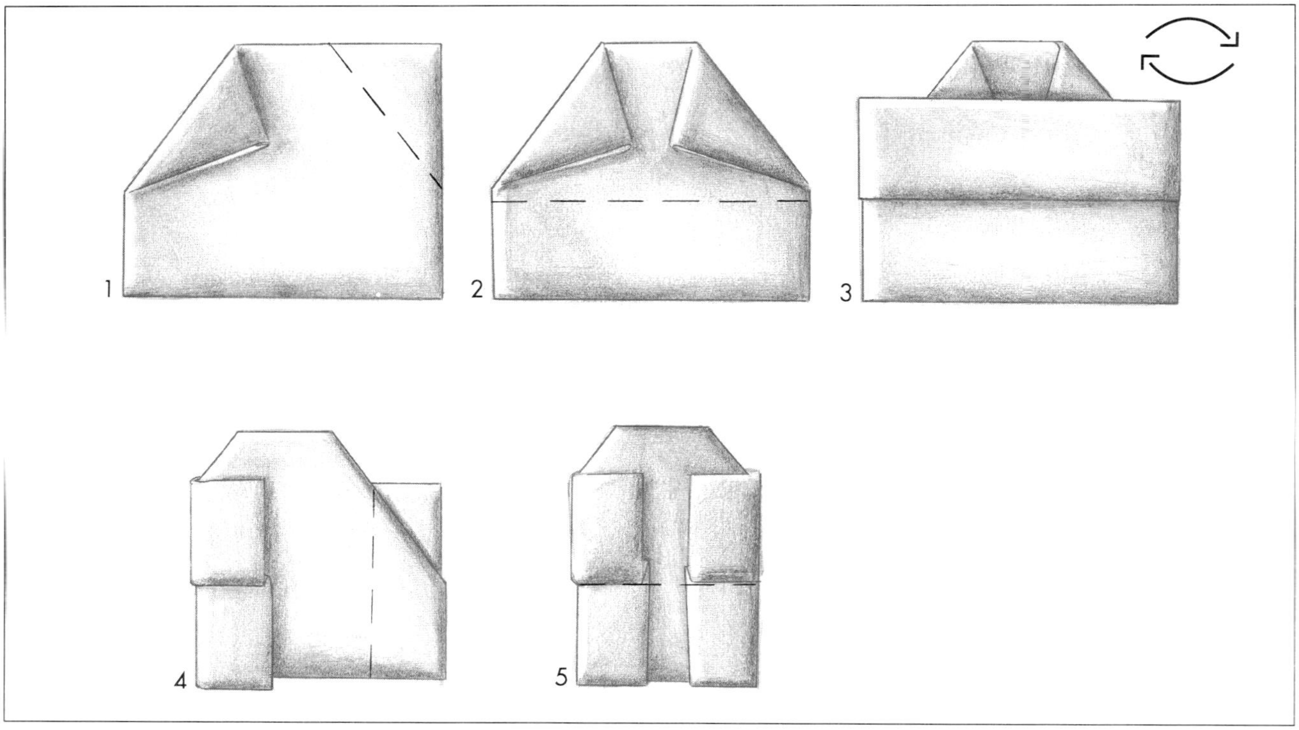

COAST

Winterhut mit Ohrenschützern

Eine Wollmütze wärmt sicher besser als ein Papierhut, aber so ganz ohne ist die isolierende Wirkung einer dünnen Papierschicht nicht. Wenn der Hut bewirkt, daß die Luft zwischen den Haaren steht, nicht vom Wind verwirbelt und weggeblasen wird, dann kann auch ein Papierhut an einem kalten Wintertag gute Dienste leisten. Um so mehr, wenn er – wie dieses Modell – zusätzlich sogar noch Ohrenschützer zu bieten hat. Sie sind kein perfekter Kälteschutz, können aber einen Teil des kalten Windes abhalten und in etwa ein stehendes Luftpolster bilden.

Der Winterhut wird aus einem Papierquadrat gefaltet, das eine Kantenlänge von etwa 60 cm haben sollte (für ein kleines Kind kann unter Umständen auch ein Quadrat ausreichen, das aus einer nur etwa 56 cm hohen Zeitungsdoppelseite geschnitten worden ist).

Die Faltschritte:

1 Das Quadrat in der Mitte falten.

2 Die Ecken des Mittelbruchs nach unten falten.

3 Die an der Mittellinie anliegenden Kanten bündig auf die Seitenkanten falten und wieder zurückfalten.

4 Die Dreiecke öffnen und die beiden Kanten symmetrisch aufeinander legen.

5 Den oberen Teil nach hinten schlagen.

6 Die Unterkanten nach oben schlagen.

7 Die seitlichen Spitzen nach unten umschlagen – das ergibt dann die Ohrenschützer.

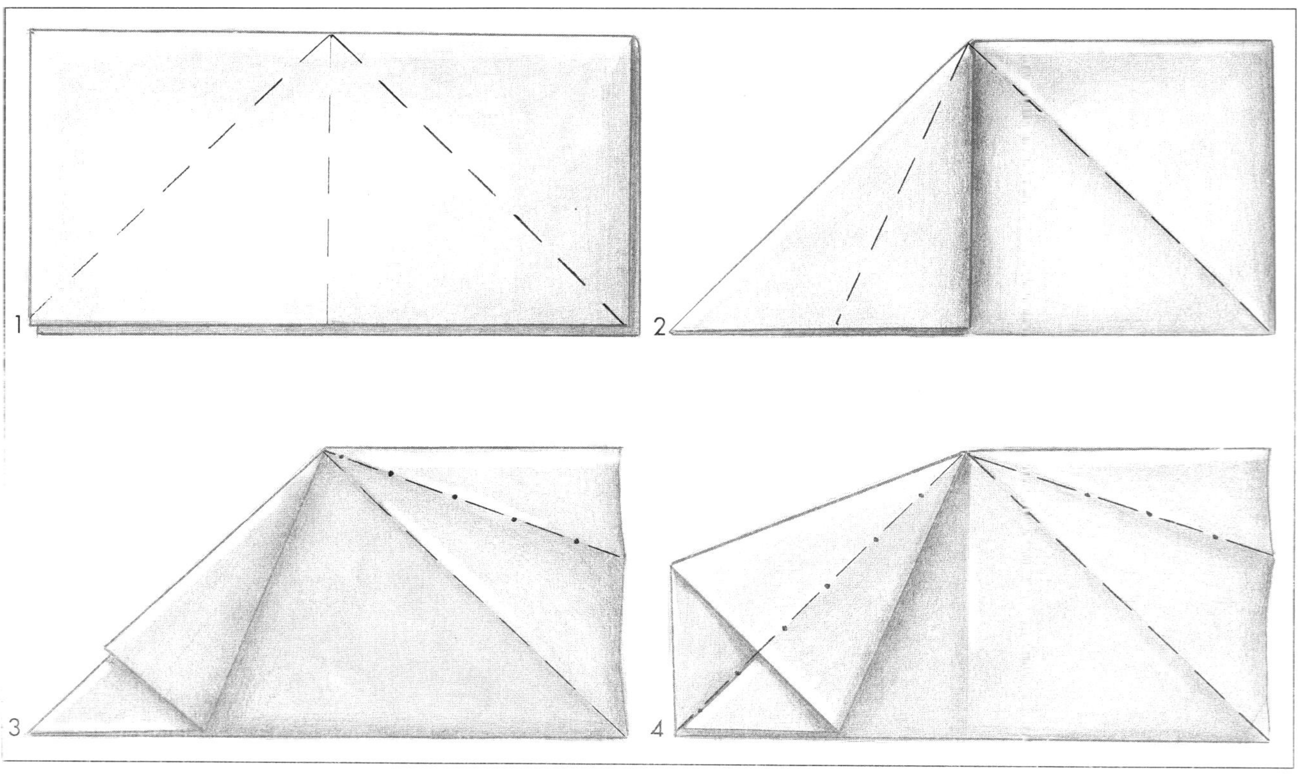

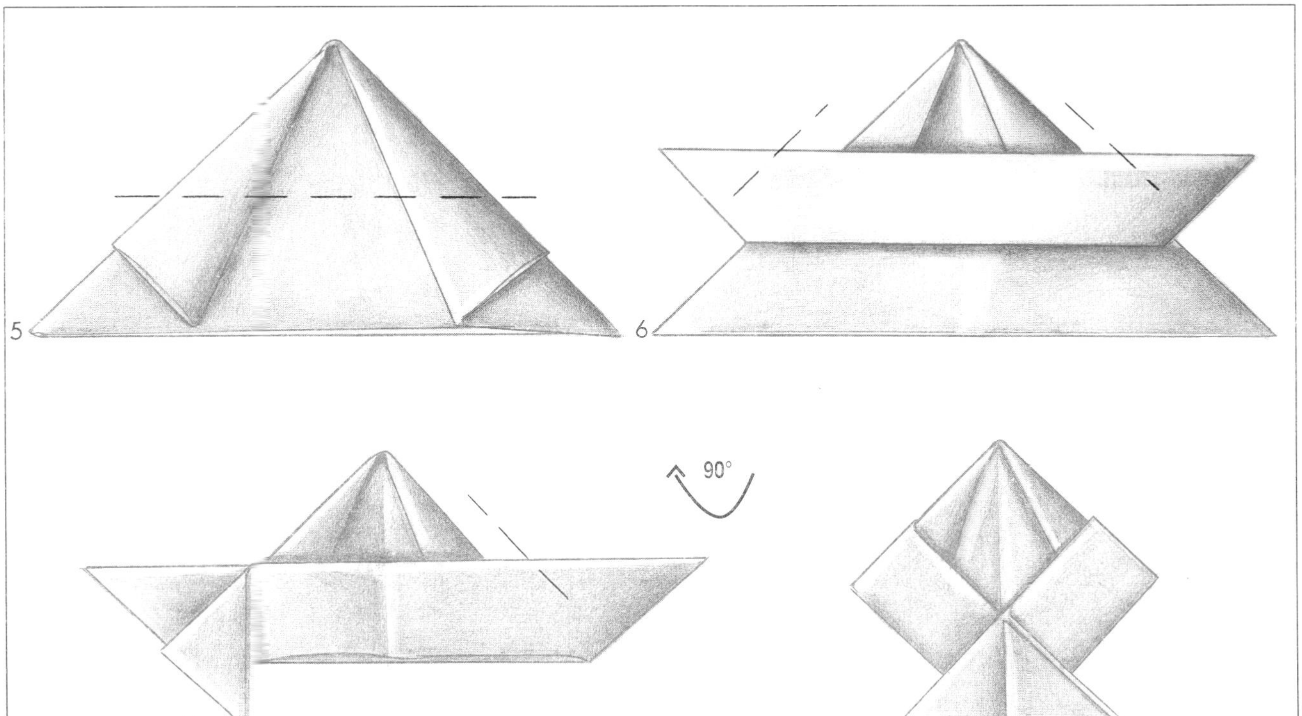

5
6
90°
7

Die Schlafmütze

Von den Biedermännern zur Biedermeierzeit weiß man, daß sie gern mit einer Nachtmütze zu Bett gingen. Da es zu jener Zeit noch keine Zentralheizungen gab und auch nicht jedes Zimmer mit einem Ofen ausgestattet gewesen sein mag, ist es verständlich, daß vor allem schüttere Häupter einen Schutz gegen nächtliche Kälte haben mußten.

Der aus Seiden- oder Kreppapier gefertigte Bommel an der hier vorgestellten Schlafmütze stellt vor allem die Ähnlichkeit zu den historischen wollenen Vorbildern her. Mehr Gemeinsamkeiten gibt es nicht, denn die papierene Mütze wäre recht unbequem, wollte man sie im Schlaf auf dem Kopf behalten. Fürs Spiel ist sie aber allemal ein attraktives Requisit.

Die Grundform ist wiederum der »Helm aller Helme« und der daraus abgeleitete Bischofshut – von dem sich die Schlafmütze eigentlich nur dadurch unterscheidet, daß zum Schluß die Spitze nach unten gefaltet und mit einem möglichst buschigen Bommel versehen wird (die Anleitung dafür ist auf Seite 66 zu finden).

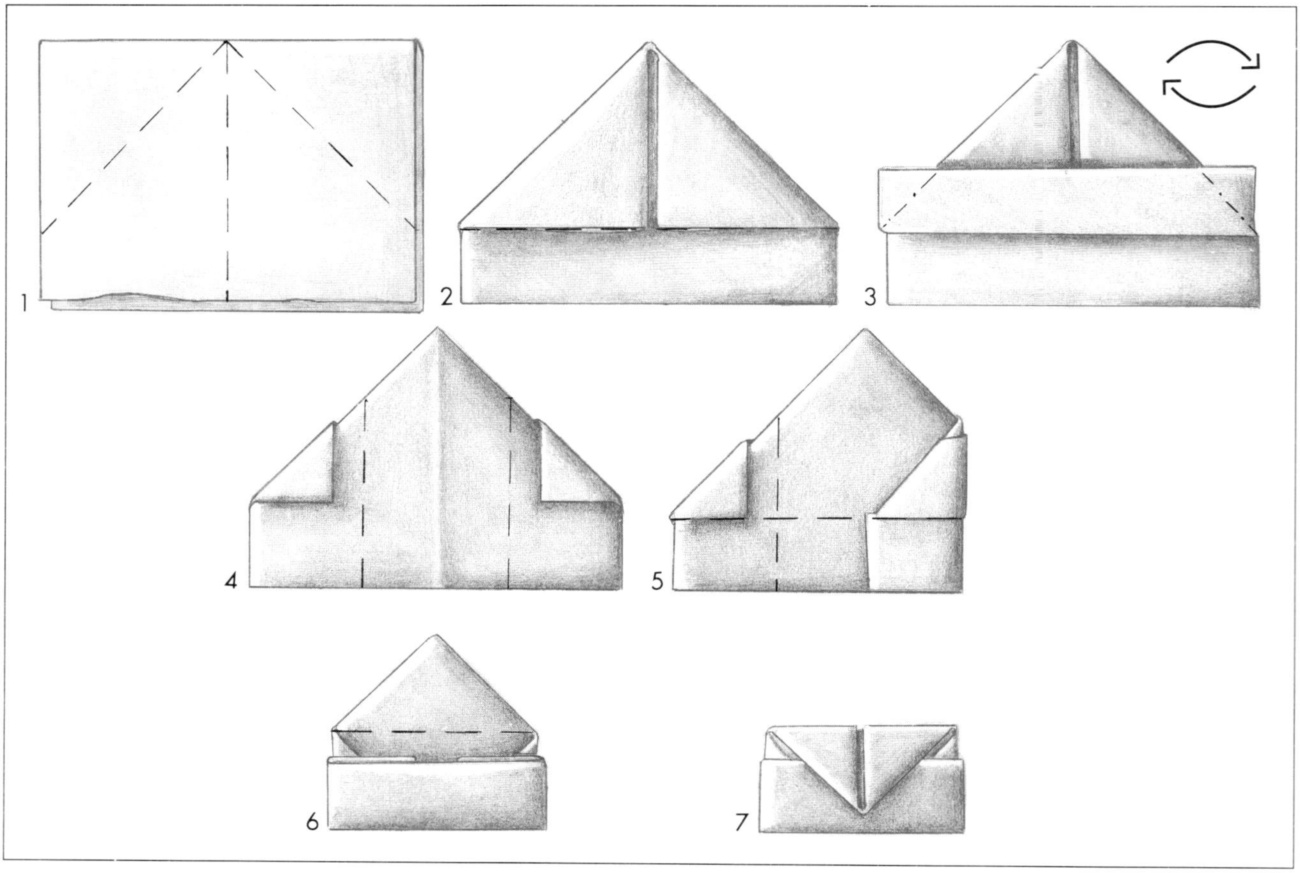

Kaisers Schlafmütze

Ob es Karl der Kahle oder Harald Schönhaar, der Norweger, war – oder keiner von beiden –, der sich des Nachts mit einer solchen Schlafmütze zierte, ist nicht mehr festzustellen. Und deshalb muß angezweifelt werden, ob das im Papierhutmuseum ausgestellte Prachtstück echt ist.

Kein Zweifel aber kann darüber aufkommen, daß dieses Modell auch tagsüber eine Pracht ist – vor allem dann, wenn es aus einem edleren Papier gefertigt wird: Zum Beispiel aus einem Restabschnitt einer Metalltapete (die Tapetenbahn muß aber 60 cm breit sein). Das benötigte Papier sollte wenigstens 60 × 80 cm groß sein.

Die Faltschritte:

1 Das Papier in der Mitte falten.

2 Am Mittelbruch einen etwa 4 cm breiten Streifen umschlagen.

3 Das Papier wenden, die Mittelbruchkante nach unten umschlagen.

4 Den unteren Rand nach oben falten (breiten Rand in zwei Etappen falten).

5 Das Papier wenden und auch auf der Rückseite den Rand nach oben umschlagen.

6 Das Papier wieder wenden. Die unteren Ecken schräg nach oben falten und hinter die Umschläge an der Mittellinie stecken.

Des Kaisers Schlafmütze läßt sich leicht in einen Turban verwandeln, wenn zum Schluß die Spitze nach hinten gefaltet und in den Randumschlag gesteckt wird.

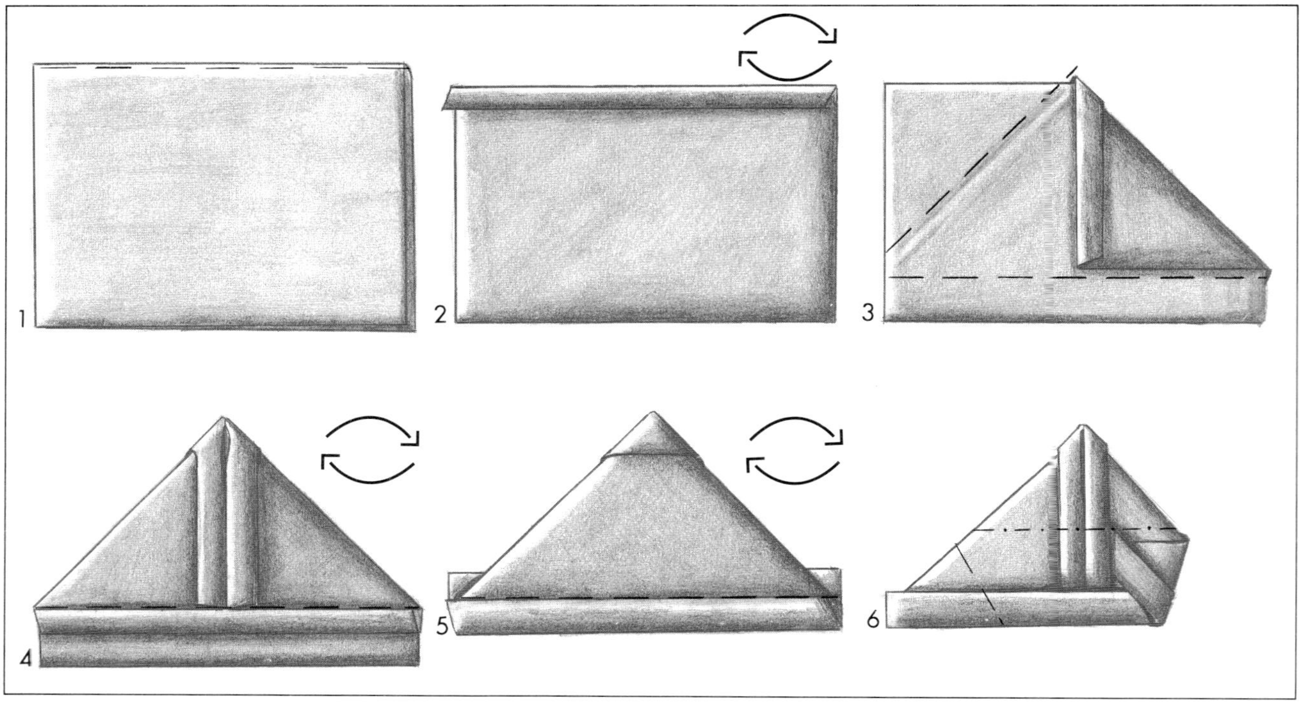

Hägars Helm

Alle alten Wikinger, und insbesondere den legendären Hägar, erkannte man schon von weitem an den furchteinflößenden Hörnern auf ihren Helmen, denen man besser nicht zu nahe kam. Ein wenig von dieser wehrhaften Erscheinung hat auch der hier vorgestellte Helm, benannt nach dem tapfersten (und zugleich sensibelsten) aller Wikinger...

Der Helm wird aus einem quadratischen Blatt gefaltet. Für einen Kinderkopf kann ein Bogen mit etwa 65 cm Kantenlänge ausreichend sein (bei Kopfweite 52–54; für ein Vorschulkind kann auch schon das aus einer großen Zeitungsdoppelseite geschnittene Quadrat mit nur etwa 56 cm ausreichen).

Die Faltschritte:

1 Den Bogen diagonal falten.

2 Die Ecken des Mittelbruchs nach unten falten.

3 Die unteren Hälften der nach unten geschlagenen Dreieckflächen nach oben falten.

4 Die oben liegenden Spitzen zur Seite falten.

5 Einen Teil der einen unteren Dreieckfläche nach oben falten.

6 Dann den restlichen Teil umschlagen.

7 Auf der Rückseite wiederholen.

8 Den Helm öffnen und die unteren Ecken aufeinander legen; auf beiden Seiten die unteren Ecken nach oben umschlagen.

5
6
90°
7
8

Der Samurai-helm

Samurai waren im alten Japan Angehörige des Kriegerstandes und galten als besonders mutige Kämpfer mit sehr aufwendiger Rüstung. Ein Helm gehörte dazu, der allerdings anders aussah als das hier vorgestellte Modell. Die Papierfalter haben sich auf den Namen Samuraihelm wohl deshalb festgelegt, weil seine Form nach der japanischen Papierfaltkunst Origami entstanden ist.

Der Helm wird aus einem Quadrat gefaltet, dessen Kantenlänge mindestens 65 cm betragen muß.

Die Faltschritte:

1 Das Quadrat diagonal falten.

2 Am Mittelbruch einen etwa 4 cm breiten Streifen umfalten.

3 Das Papier wenden und die Mittelbruchkante nach unten umschlagen.

4 Die unteren Hälften der Dreiecke nach oben falten.

5 Die oberen Spitzen zur Seite umschlagen.

6 Das obenliegende der beiden unteren Dreiecke in zwei Schritten nach oben falten.

7 Den Helm wenden. Von den Seiten her Dreiecke umschlagen; der Abstand zwischen den beiden Faltkanten entspricht der halben Kopfweite.

8 Das untere Dreieck nach oben schlagen und seine Spitze unter das Dreieck an der Helmspitze stecken.

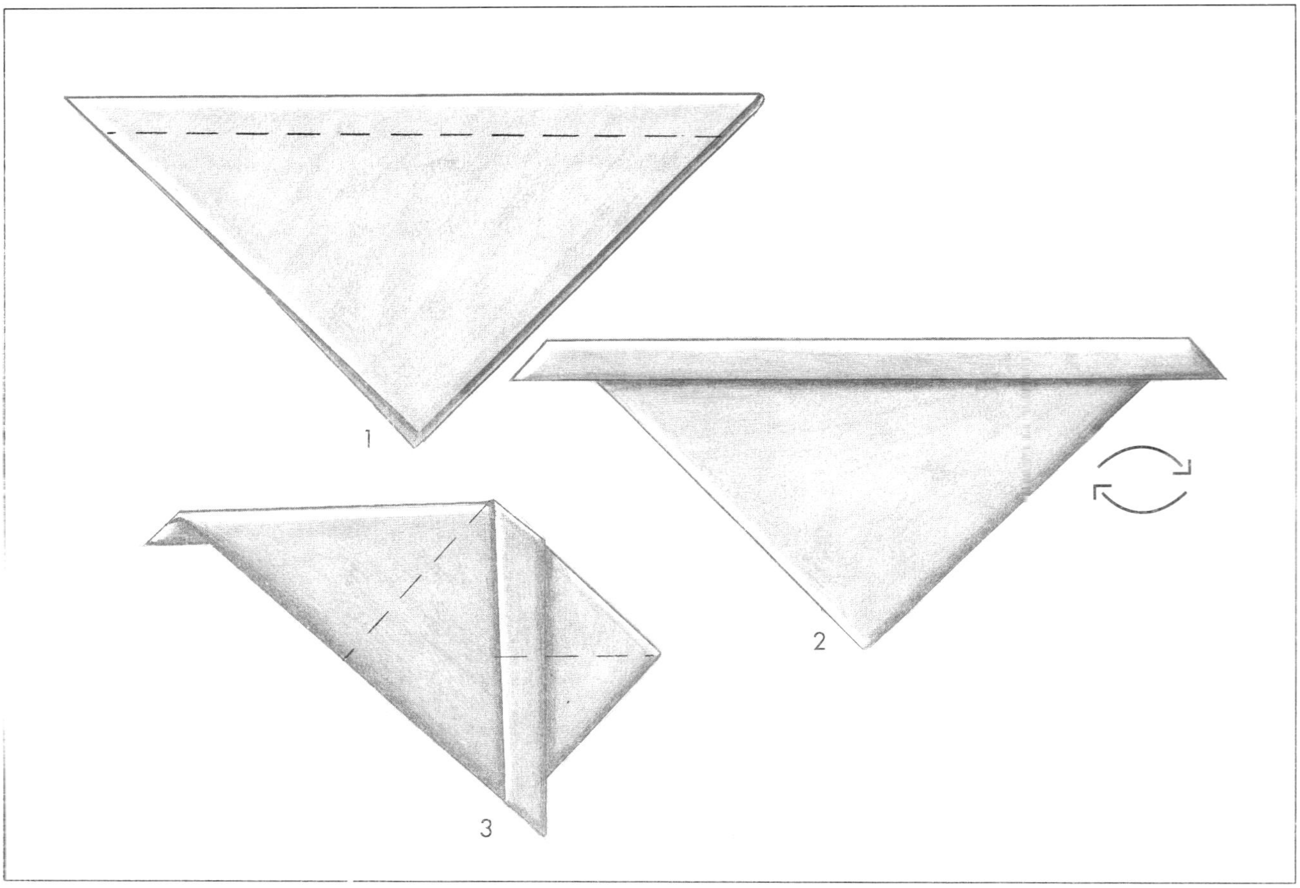

4
5
6
7
8

Die Hasenmütze

Weil diese Mütze sehr starke Ähnlichkeit mit dem Samuraihelm hat und sich von diesem eigentlich nur dadurch unterscheidet, daß die obere Spitze nach innen gesteckt wird, könnte man den Namen dieses Modells auch so erklären: Wer als Samurai einst nicht die geforderte Tapferkeit zeigte, durfte den traditionellen Kriegshelm nur mit der gekappten Spitze tragen – und war so als Hasenfuß gebrandmarkt... Aber ebenso plausibel wird der Name Hasenmütze durch die Ähnlichkeit mit einem Hasenkopf und den langen Lauschern.

Gefaltet wird mit einem quadratischen, wenigstens 65×65 cm großen Blatt.

Die Faltschritte:

1 Das Quadrat diagonal falten.

2 Am Mittelbruch einen etwa 4 cm breiten Streifen umschlagen.

3 Das Papier wenden und die Mittelbruchkante nach unten umschlagen.

4 Die unteren Hälften der umgeschlagenen Dreiecke nach oben falten.

5 Die beiden oberen Spitzen zur Seite falten.

6 Das eine untere Dreieck in einem Stück nach oben falten.

7 Die Mütze wenden. Die seitlichen Ecken nach innen so umschlagen, daß der Abstand zwischen den Faltkanten der halben Kopfweite entspricht.

8 Den unteren Teil nach oben schlagen und in das Dreieck an der Helmspitze stecken. Dieses Dreieck nach vorn umschlagen – aber ohne die unten liegende Spitze: Diese wird jetzt in die Dreiecktasche eingesteckt.

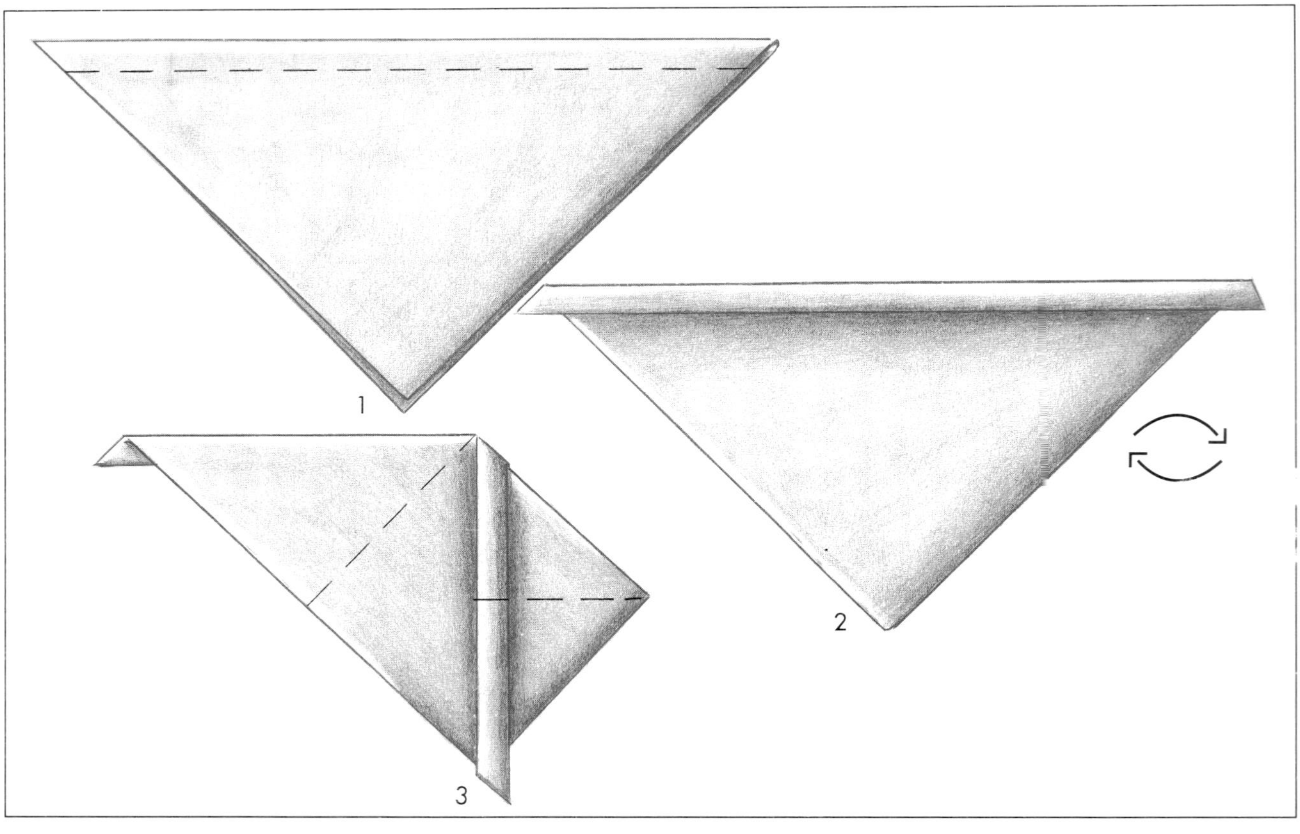

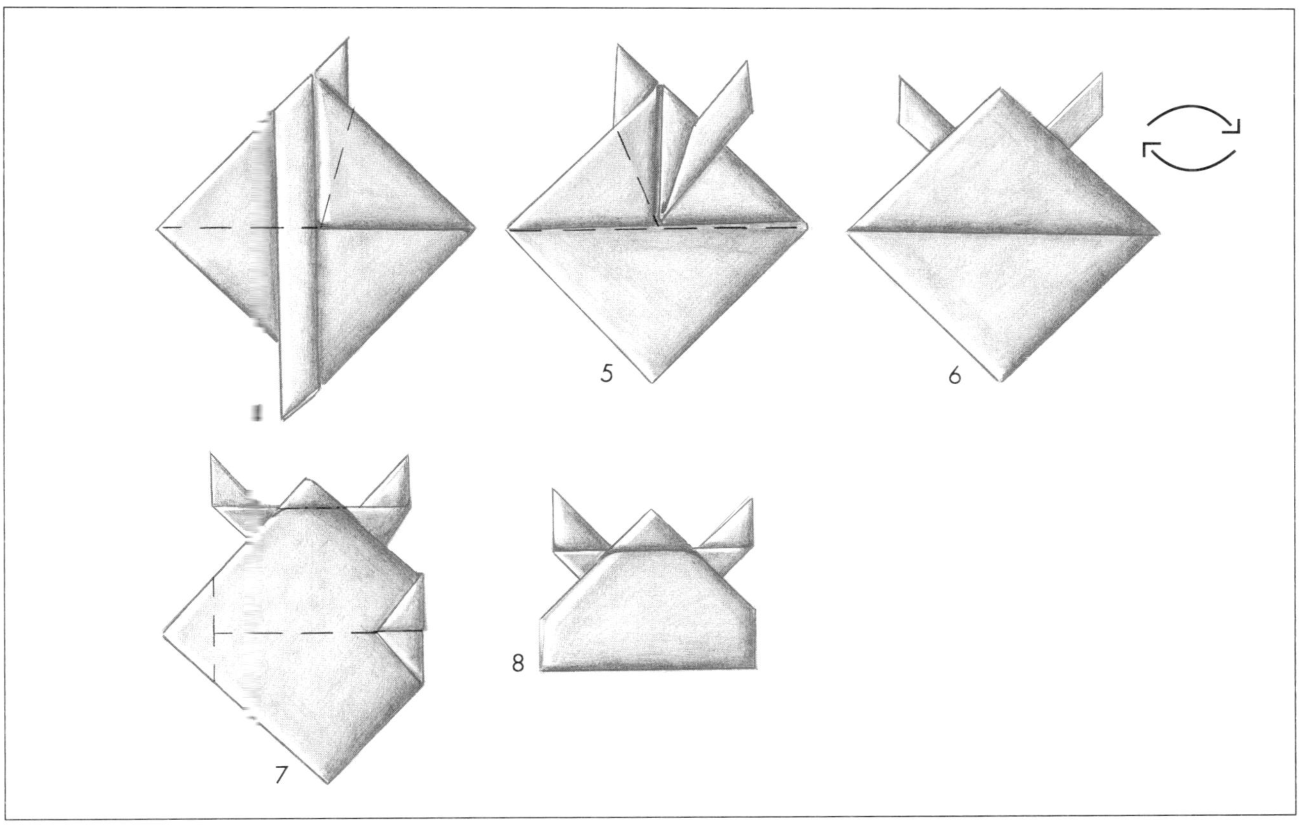
5
6
7
8

Robin Hoods Hut

Robin Hood, die legendäre Gestalt vieler englischer Balladen und einiger Hollywoodfilme, ist bei Kindern ein beliebter Typ für ihre Rollenspiele.

Wer diese Figur überzeugend darstellen will, braucht nicht nur einen Bogen über der Schulter und einen Köcher mit einer Handvoll Pfeile auf dem Rücken – sondern auch den originalgetreuen Robin-Hood-Hut auf dem Kopf.

Weil die Abenteuer des edlen Räubers aus dem Wald von Nottingham nicht mit einem Mal fertiggespielt sind, muß der Hut schon von dauerhafter Qualität sein: grünes Tonpapier ist da wohl das richtige Material.

Benötigt wird ein quadratisches Papier; für einen Kinderkopf reicht eine Kantenlänge von 50 cm wohl gerade noch aus. Wenn ein größerer Hut benötigt wird, aber das grüne Tonpapier nur im Format 50 × 70 cm zur Verfügung steht, kann auch braunes Packpapier verwendet werden: Robin Hood trägt dann nicht einen Hut aus grünem Filz, sondern aus echtem Leder …

Die Faltschritte:

1 Das Quadrat diagonal falten.

2 Die Ecken am Mittelbruch so zur gegenüberliegenden Kante umschlagen, daß die untere Kante des Umschlags parallel zum Mittelbruch verläuft.

3 Eine Dreieckfläche von unten nach oben umschlagen und in den oberen Umschlag stecken.

4 Das Papier wenden. Das untere Dreieck nach oben falten und den größeren Teil wieder nach unten falten.

5 Den Hut öffnen, die beiden Ecken aufeinander legen. Dazu die Oberkante des Hutes nach innen einknicken.

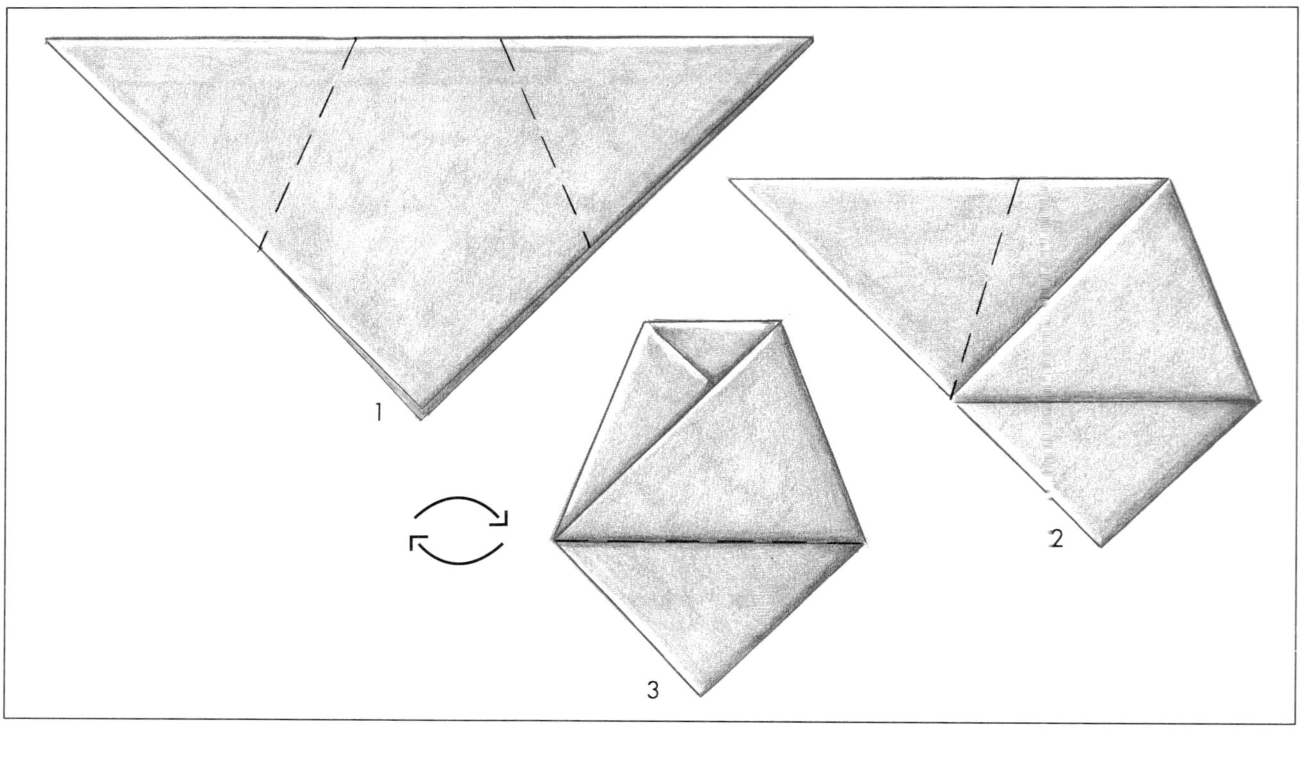

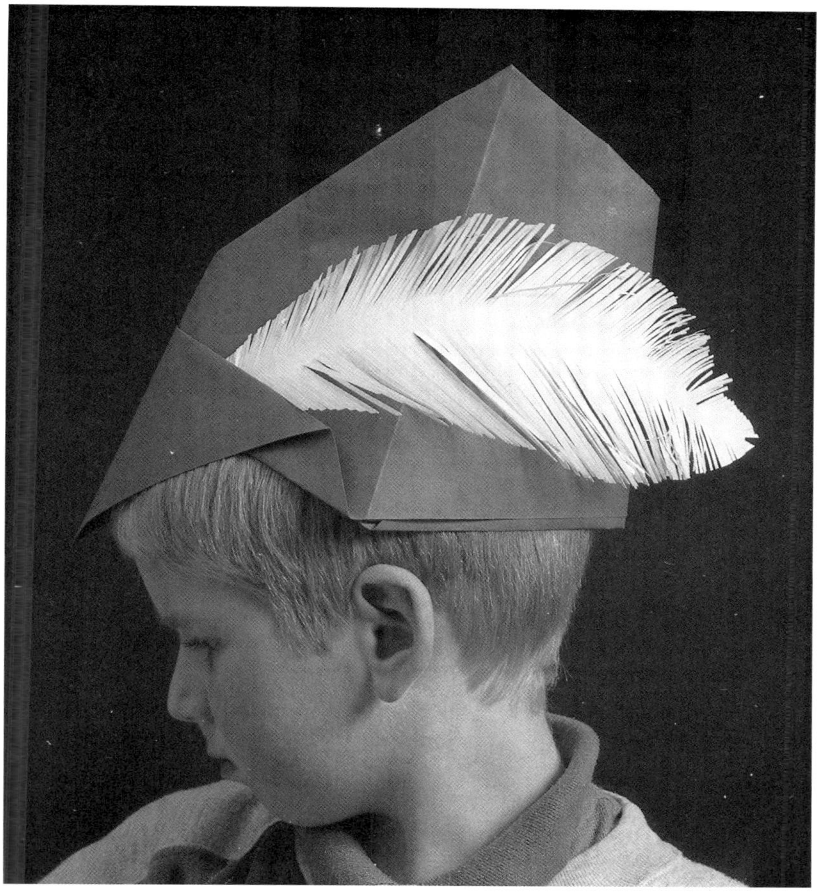

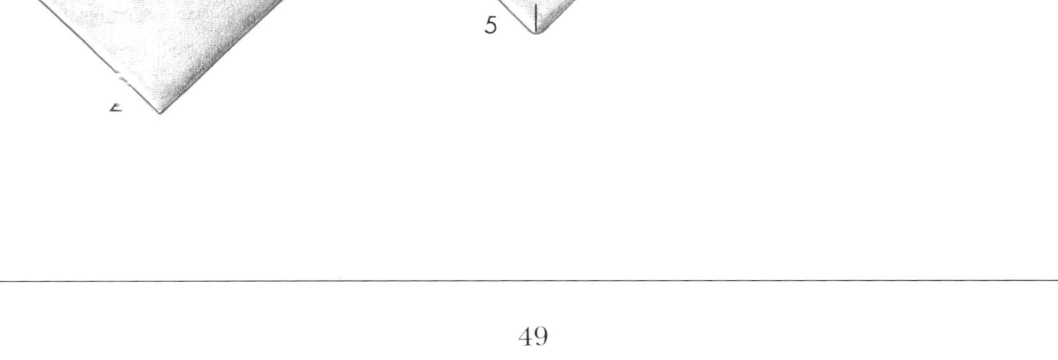

90°
90°
5
6

Sherlock Holmes' Hut

Sherlock Holmes und Robin Hood haben manches gemeinsam bei ihrem Engagement für Recht und Gerechtigkeit. Da ist es nur folgerichtig, daß sie auch in ihren Kopfbedeckungen ähnliche Modelle bevorzugen. Denn Sherlock Holmes' charakteristischer Hut mit Stirn- und Nackenschild wird zunächst genauso gefaltet wie Robin Hoods Hut. Hier nun wird aber auf Vorder- und Rückseite ein Schild geformt. Dann wird der Hut geöffnet und um 90 Grad gedreht (dabei die Oberkante einknikken). Die Schildspitzen werden nach vorn und leicht nach oben gezogen, dann haben die beiden Schilde ihre endgültige Form.

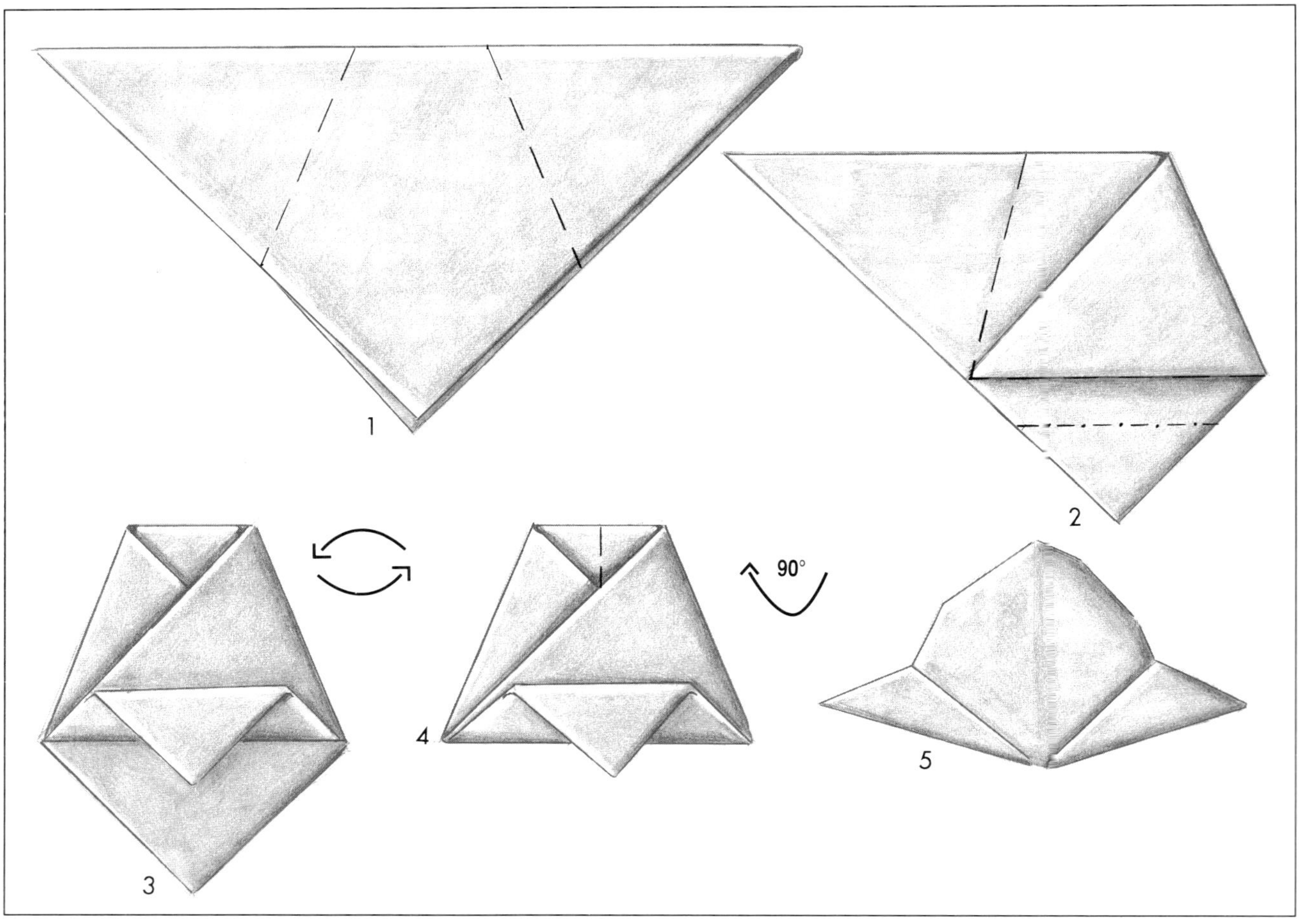

Einfaches Schiffchen

Wenn ein Pizzabäcker es am Morgen sehr eilig hat, eine neue Kopfbedeckung zu falten, geht ihm oft nur dieses einfache Schiffchen von der Hand – das seinen Zweck dennoch durchaus zufriedenstellend erfüllt.

Für Kinder- wie für Erwachsenenköpfe kann mit einer Zeitungsdoppelseite (bzw. einem Papier vergleichbarer Größe) begonnen werden. Die gewünschte Kopfweite wird in den Faltschritten 3 und 4 eingestellt.

Die Faltschritte:

1 Das Papierrechteck in der Mitte falten.

2 Das oben liegende Papier in zwei Schritten von unten her auf halbe Höhe falten.

3 Das Papier wenden. Die Seitenkanten symmetrisch zur Mitte hin umschlagen. Der Abstand zwischen den Faltkanten entspricht der benötigten Kopfweite.

4 Nach Einschlagen der zweiten Seitenkante die oberen Ecken der beiden Einschläge nach innen falten.

5 Den unteren Rand in zwei Schritten nach oben falten. Auf der Gegenseite genauso verfahren. Alle Faltkanten scharf nachziehen.

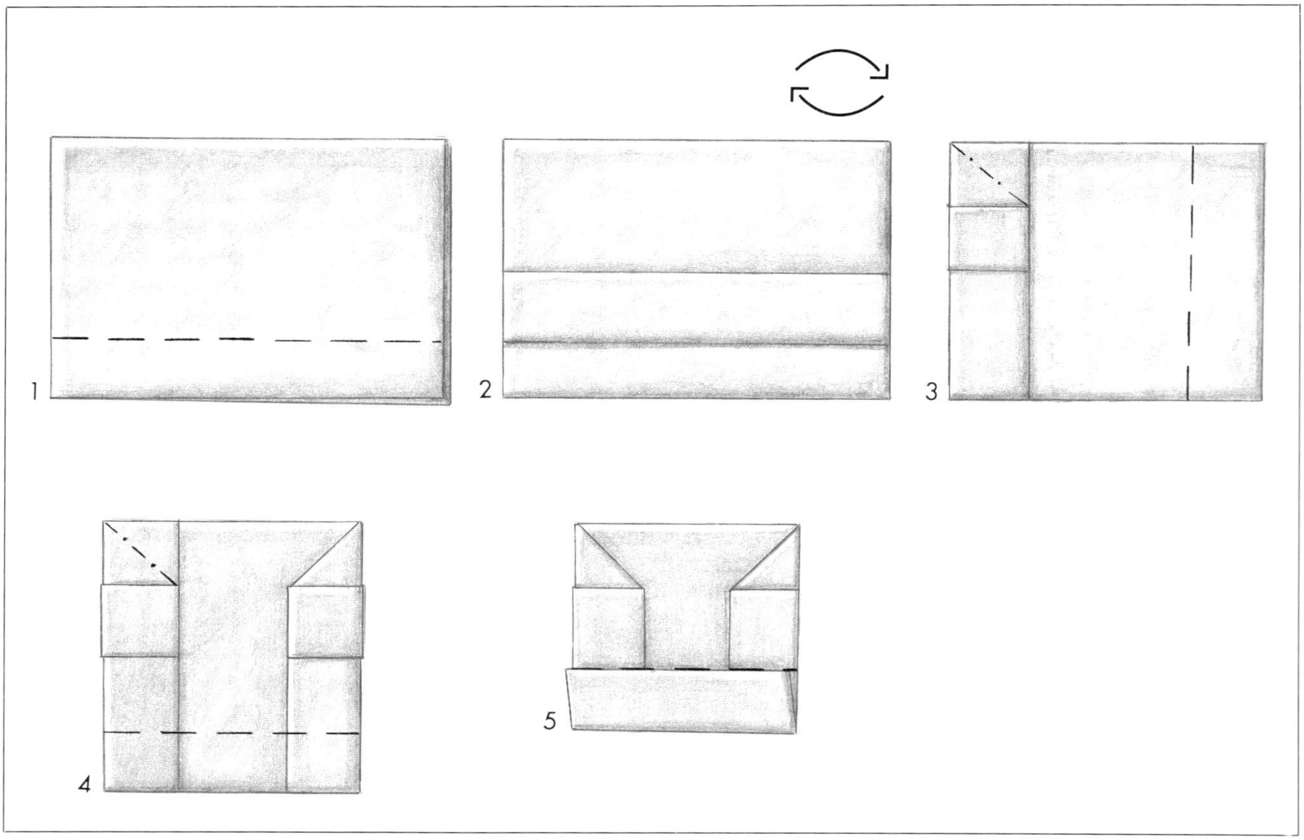

труднопредска
Советский Союз
соблюдает
договоренности
НЬЮ-ЙОРК, 25. (ТАСС).
«Ремонтные работы»
в Вашингтоне
М. ВОЛКОВ.
готовят
без

Das Käppi vom Barmann

Wenn es in amerikanischen Filmen eine Szene aus einem Coffee-Shop gibt, dann tragen die meisten der agierenden Barmänner ein Käppi, wie es hier zum Nachfalten vorgeschlagen wird. Oder jedenfalls ein sehr ähnlich aussehendes...

Die gewünschte Kopfweite entspricht der geforderten Kantenlänge für das quadratische Papier, aus dem das Käppi gefaltet werden soll.

Die Faltschritte:

1 Das Quadrat in der Mitte falten.

2 Die Seitenkanten an die Mittellinie heranfalten. Die Falten wieder öffnen.

3 Die oben liegende Seitenkante wieder zur Mittellinie umschlagen, dabei das obere Eck nach unten drücken, so daß der abgebildete »Hausgiebel« entsteht.

4 Die nach innen geschlagene Seitenkante nach außen klappen, den Faltvorgang an der anderen Seite wiederholen.

5 Den unteren Papierrand in zwei Schritten nach oben falten.

6 Die Außenkante nach oben umschlagen.

7 Die umgeschlagenen Teile zur Mitte hin klappen.

8 Das aufrechtstehende Teil hinter dem quadratischen »Spiegel« hinter die Krempe schlagen. Diese Prozedur mit den anderen Außenkanten wiederholen.

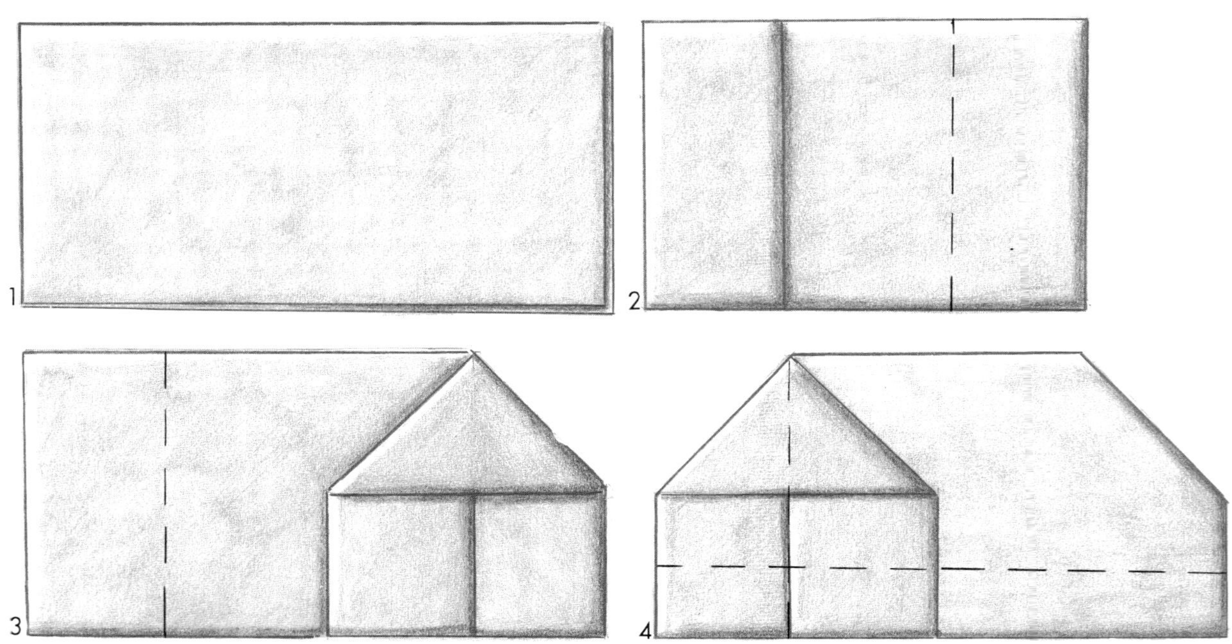

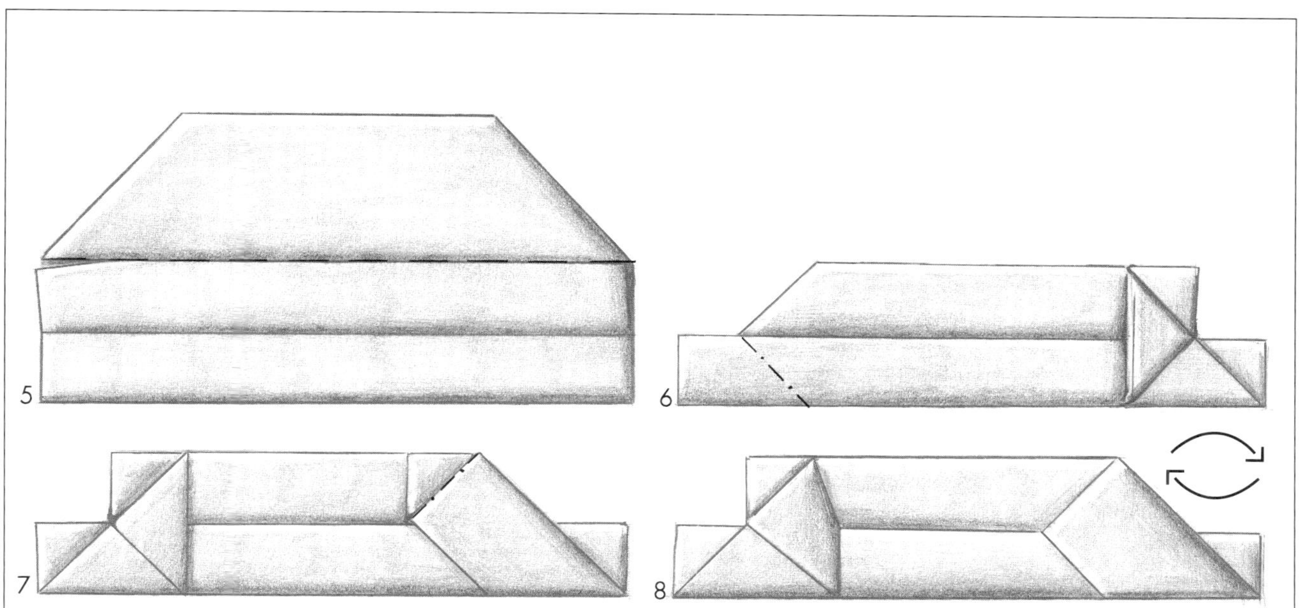
5
6
7
8

Lüftlmalers Arbeitsmütze

Lüftlmaler bemalen in Süddeutschland Häuser mit Bildern und Szenen zur Haus- oder Ortsgeschichte. Sie bedecken bei dieser Arbeit ihre Haare gern mit einer Papiermütze, die vor Farbspritzern ebenso schützen soll wie vor Sonnenhitze oder kühlem Wind. Und damit nicht jeden Tag eine neue Mütze gefaltet werden muß (die Zeitung ist ja erst nach der Brotzeit ausgelesen), falten Lüftlmaler eine recht stabile und zweckmäßige Kopfbedekkung.

Eine Zeitungsdoppelseite reicht für Kinder- wie für Erwachsenenköpfe: Die benötigte Kopfweite wird mit den im Faltschritt 4 erklärten Umschlägen reguliert.

Die Faltschritte:

1 Das Papierrechteck in der Mitte falten

2 und 3 Wie für den »Helm der Helme« obere Ecken nach unten schlagen, unteren Rand nach oben falten.

4 Das Papier wenden. Die Seitenkanten nach innen schlagen. Der Abstand zwischen den Faltkanten entspricht der gewünschten Kopfweite.

5 Untere Ecken nach innen falten, dann den unteren Teil in zwei Schritten nach oben falten.

6 Spitze der Mütze nach unten falten und in die Krempe stecken.

7 Mütze öffnen und untere Ecken aufeinander legen.

8 Obere und untere Spitze umschlagen und in die Krempe stecken. Mütze wieder öffnen.

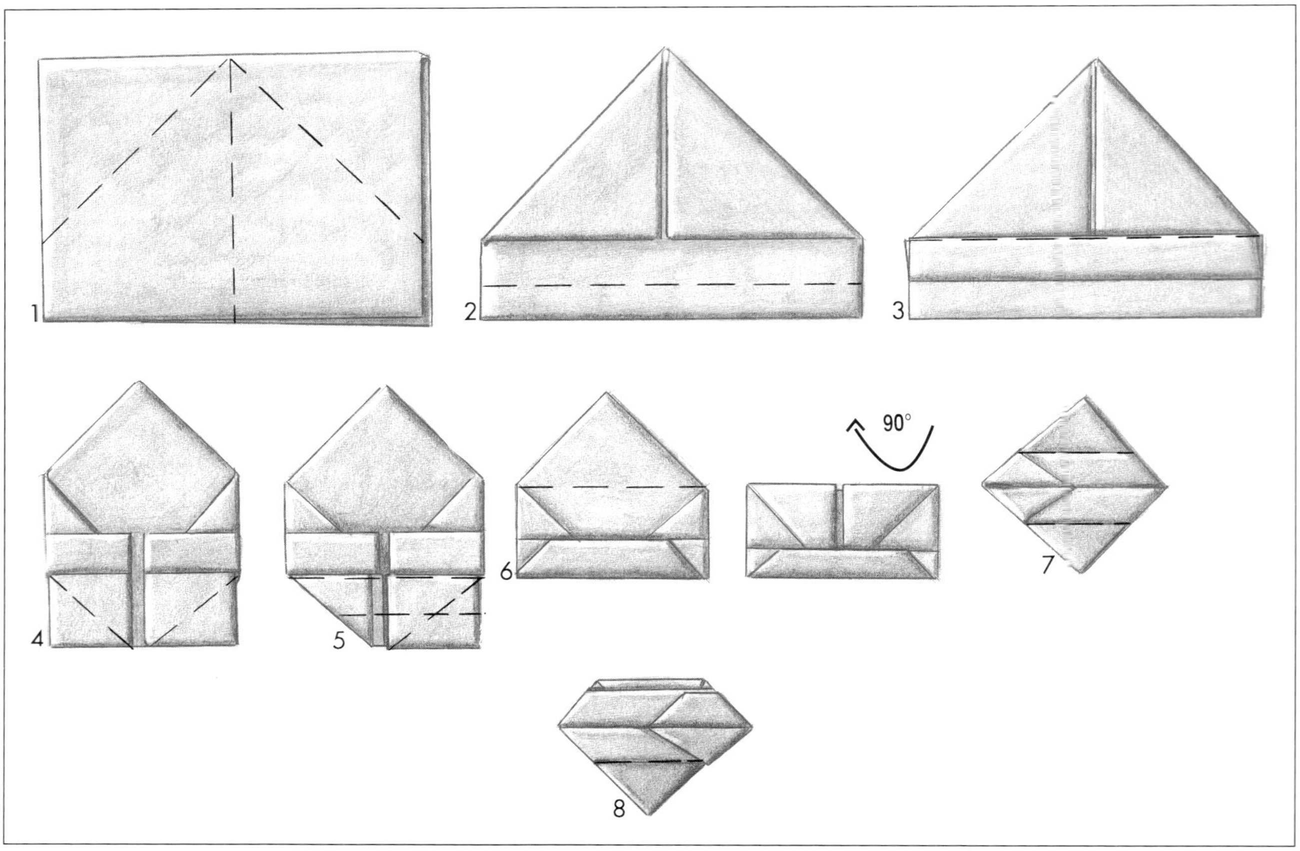

Ein Schiffchen mehr ...

Wenn für ein Geländespiel eine Kopfbedeckung gebraucht wird, die wenig Windwiderstand bietet (damit man laufen kann, ohne den Hut ständig festhalten zu müssen), kann dieses Modell richtig sein. Es ist eine flache Kappe, die aus einem quadratischen Blatt entsteht. Die Kantenlänge dieses Blatts sollte das 1,45fache der gewünschten Kopfweite betragen: Soll das Schiffchen einen Kinderkopf mit der Kopfweite 54 cm bedecken, wird ein 78 × 78 cm großes Papier benötigt; wer Hutweite 58 hat, muß sich das Schiffchen aus einem 85 × 85 cm großen Papier falten.

Die Faltschritte:

1 Das Quadrat in der Mitte falten.

2 Die linke untere Ecke nach oben zur Mitte, die rechte obere Ecke nach unten zur Mitte falten.

3 Mit einer Bergfalte zwischen den beiden Dreieckflächen, die im vorigen Faltschritt entstanden sind, den rechten Teil nach hinten falten.

4 Das linke Dreieck nach unten klappen, das rechte Dreieck nach vorn falten.

5 Den Streifen rechts nach links klappen.

6 Das Dreieck unten nach oben schlagen.

7 Das Papier wenden; die Dreieckspitze nach vorn falten und dann die rechte Spitze nach links umschlagen und hinter den schräg endenden Streifen links stecken.

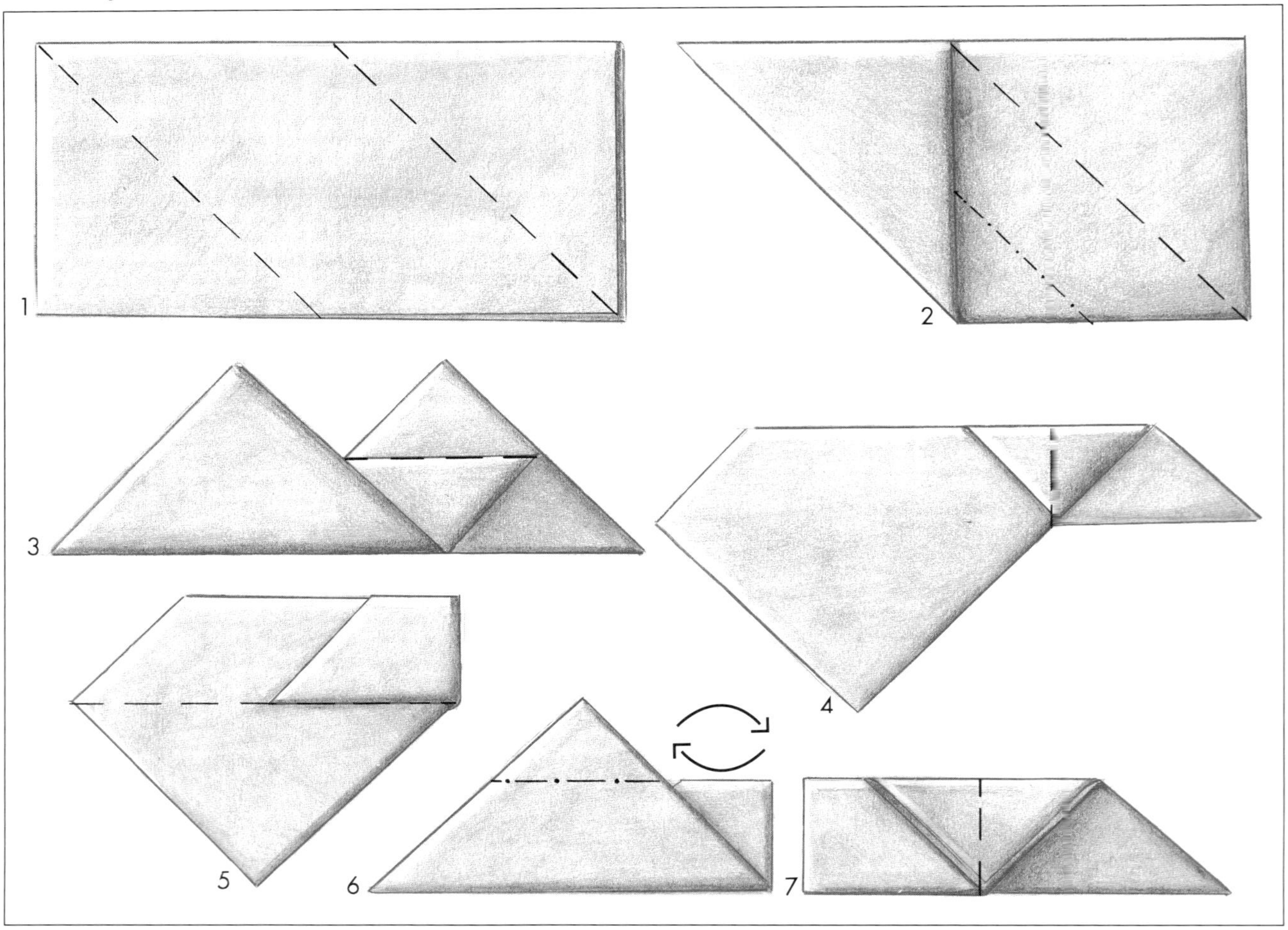

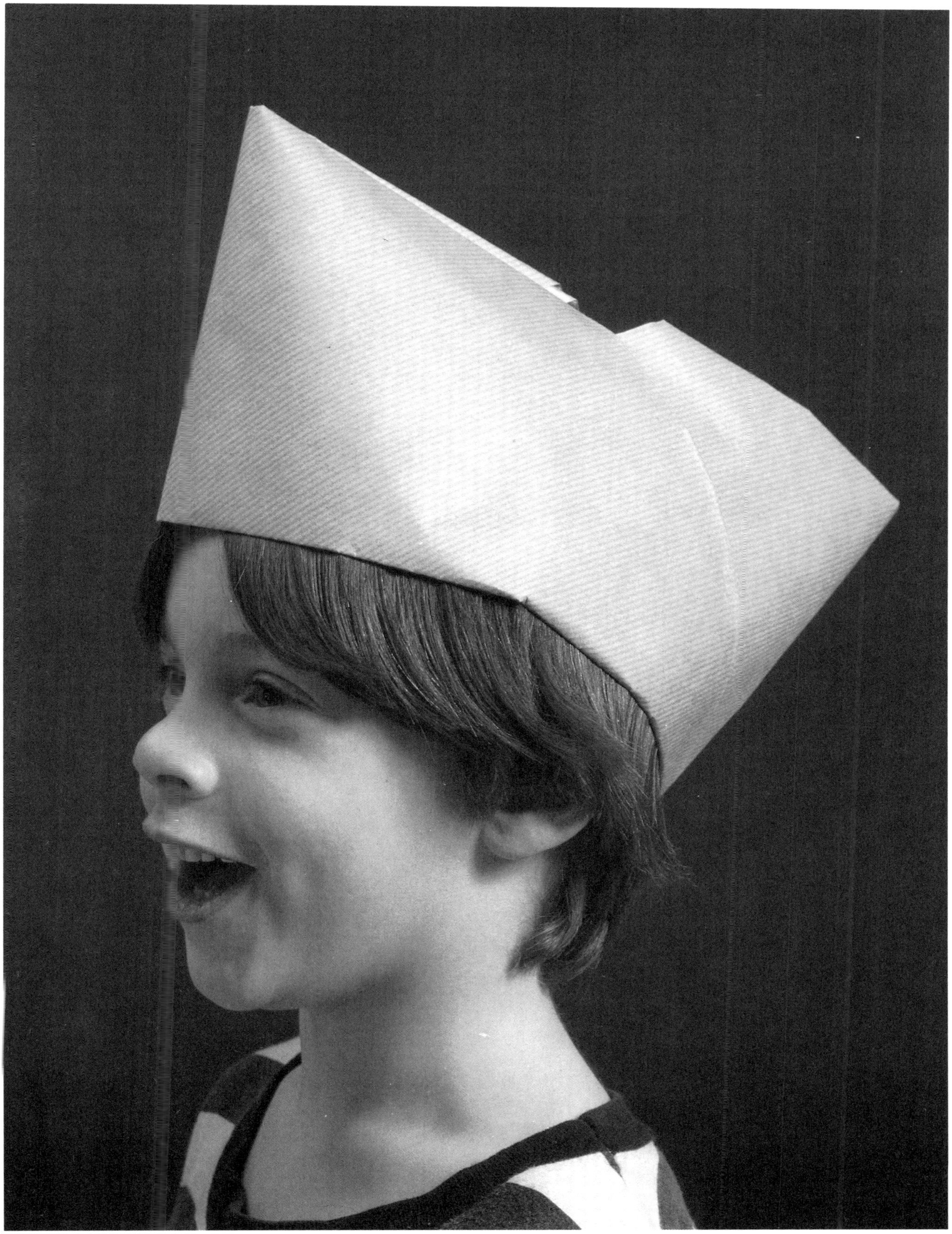

Ägyptische Pharaonenkrone

So mächtig die Pharaonen, so überdimensional ihre Grabstätten in Form von Pyramiden waren: ihre Kronen waren vergleichsweise bescheiden. Sie waren, genaugenommen, nur Mützen. Es kam eben auch schon damals auf den Kopf unter der Kopfbedeckung an und nicht auf die Menge an Gold und Edelsteinen, die zu der Krone jüngerer Regenten verarbeitet wurden. Auch unser Modell zeichnet sich durch Einfachheit aus. So verzichtet es beispielsweise auf einen Deckel...

Die Krone wird aus einem Papierquadrat gefaltet, dessen Kantenlänge rund 1,45mal so lang wie die geforderte Kopfweite sein muß (Beispiel: Für Kopfweite 54 ein 78×78 cm großes Quadrat).

Die Faltschritte:

1 Das Quadrat in der Mitte falten.

2 Die linke untere Ecke nach oben zur Mitte falten. Die rechte obere Ecke nach unten zur Mitte falten und wieder öffnen.

3 Die rechte obere Ecke nun bis an die eben entstandene Talfalte falten, dann die Talfalte noch einmal mit der darin eingeschlossenen Ecke falten.

4 Den rechten Teil des Papiers nach hinten falten.

5 Das Papier zu einem Ring schließen und die beiden Spitzen ineinander stecken, eventuell durch einen kleinen Klecks Klebstoff fixieren.

Der aufrechte Teil wird hinten getragen, über der Stirn kann eine Art Delle gleichmäßig ausgeformt werden; ein Band mit einem einfachen Muster, eventuell noch eine aufgerichtete Schlange vervollständigen die ägyptische Pharaonenkrone.

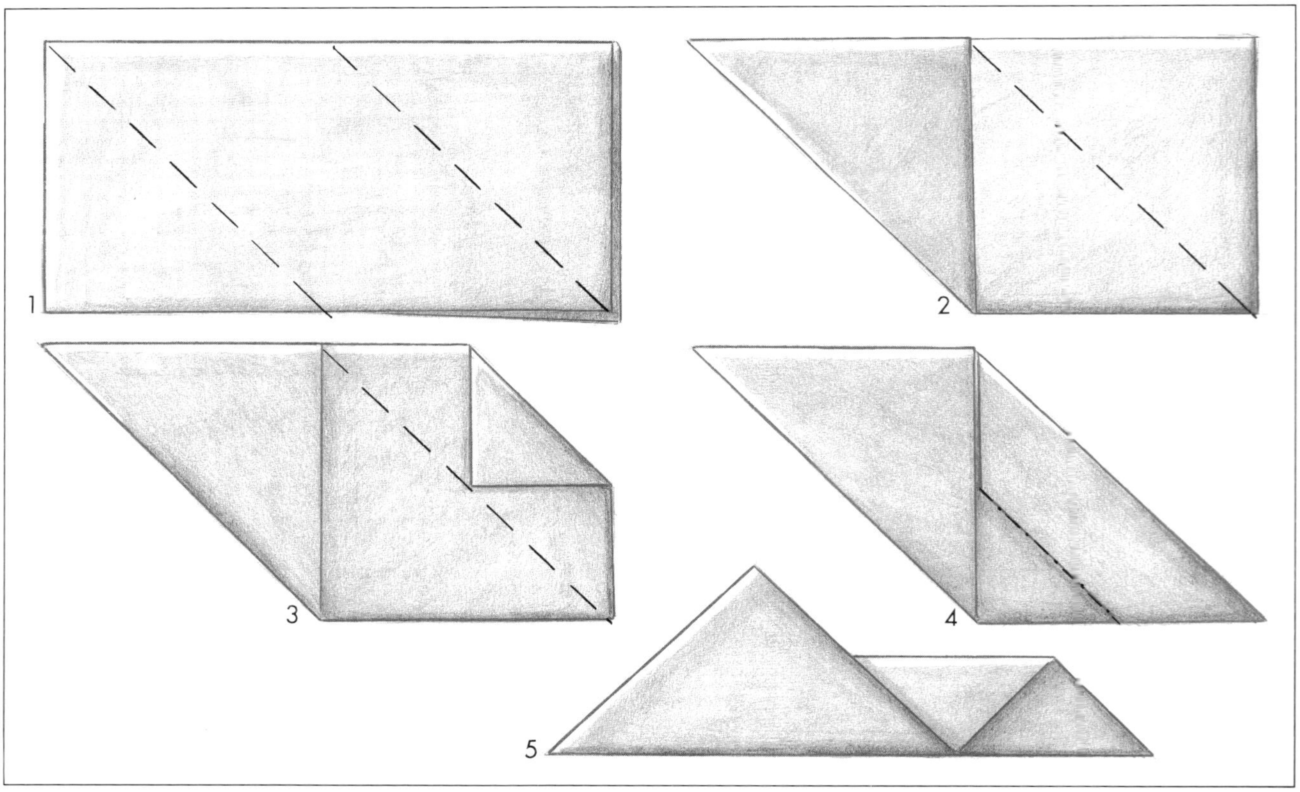

Der Fes

Eine traditionelle Kopfbedeckung des Balkans und des Orients war der Fes, eine rote, kegelförmige Mütze mit flachem Deckel und einer schwarzen, blauen oder gar goldfarbenen Quaste. In der Türkei ist der Fes seit 1926 verboten, im Orient ist er ebenfalls nicht mehr zu sehen. Als Requisit für das Spiel der Kinder ist der aus Papier gefaltete Fes aber fast unentbehrlich – und als Partyhut für Erwachsene macht sich dieses Modell ganz gut, vor allem dann, wenn er mit einem voluminösen und hoch aufragenden Federbusch verziert wird.

Wenn man es erst einmal geschafft hat, aus einer Zeitungsdoppelseite oder einem farbigen, steiferen Tonpapier ein Quadrat zu schneiden, ist der Rest sehr einfach. Für einen Erwachsenenfes braucht man ein Quadrat mit einer Kantenlänge zwischen 50 und 55 cm, für einen Kinderfes ein Quadrat zwischen 46×46 und 50×50 cm.

Die Faltschritte:

1 Das Quadrat diagonal falten.

2 Die linke obere Ecke an die rechte Kante, die rechte obere Ecke an die linke Kante falten.

3 Das obere der beiden Dreiecke unten wird nach oben umgeschlagen und unter bzw. in den oberen Umschlag gesteckt.

4 Das Papier wenden und das zweite Dreieck nach oben falten.

Man kann auf diesen letzten Falzschritt auch verzichten: Dann bekommt man einen Fes mit Nakkenschutz (gegen Sonne oder Mücken…). Die Anleitung für einen Federbuschen ist auf Seite 65 zu finden.

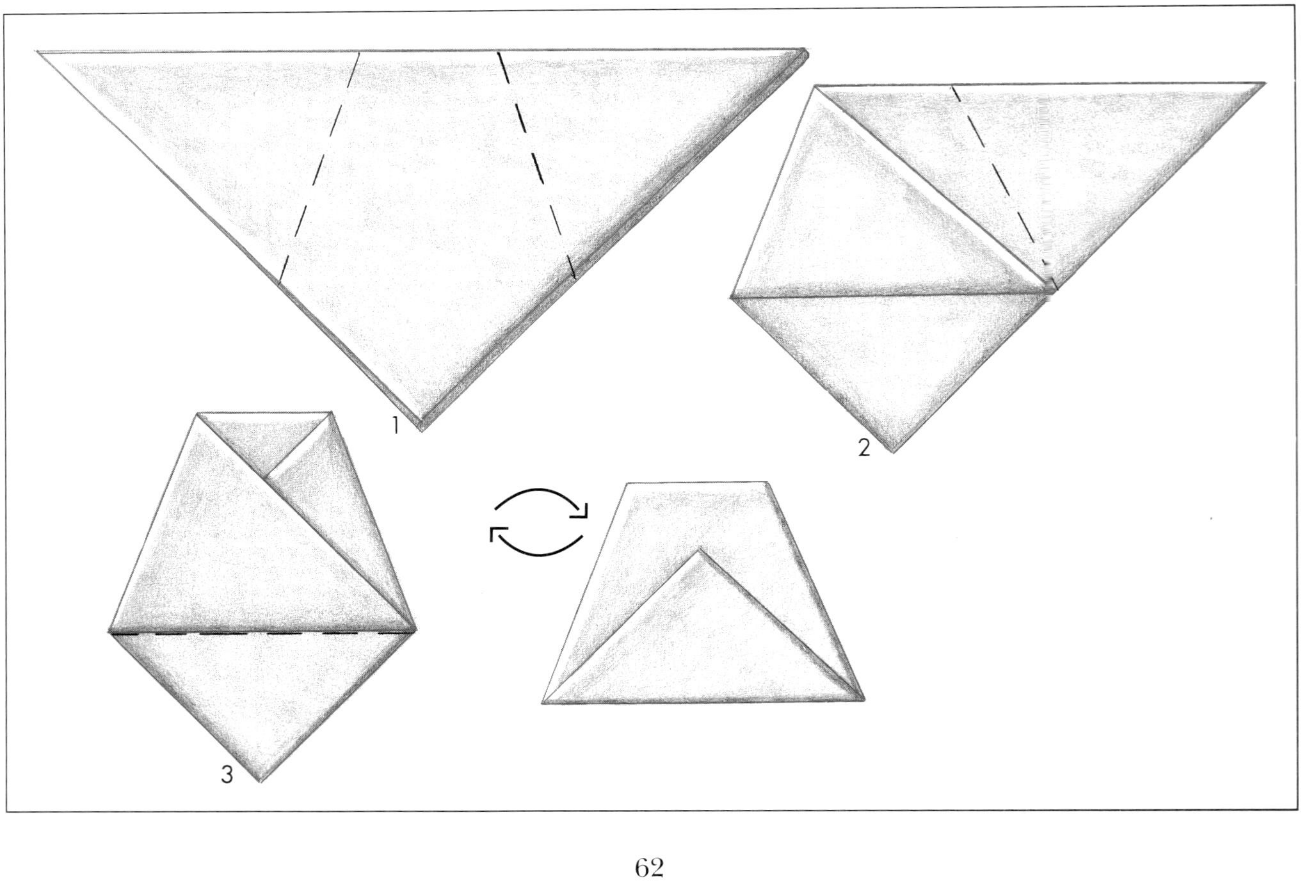

Allerlei Applikationen

Auch wenn Papierhüte relativ kurzlebige Sachen sind, wird man sich nicht immer damit begnügen, sie nur aus altem Zeitungspapier zu fertigen. Die Fotos in diesem Buch geben (auch in der Schwarzweißwiedergabe) eine Ahnung davon, daß farbiges Papier als Werkstoff schon einiges hermacht. Und erst recht dann, wenn man die Hüte bemalt oder sie mit allerlei Verzierungen versieht, bekommen sie eine Attraktivität, die mit der Ansehnlichkeit von käuflichen Papierhütchen allemal mithalten kann.

Wenn es ganz schnell gehen soll, kann man einem Papierhelm einen Federbuschen oder eine Rosette ankleben; man kann als »Hoheitsabzeichen« einen Stern basteln und ankleben oder ein anderes Zeichen erfinden und dem Hut applizieren. Da lassen sich farbige Bänder anbringen oder bunte Schleifen. Man kann die Dekorationen aber auch aufmalen: mit ziemlich trocken gehaltener Wasserfarbe oder mit Plaka- bzw. Acryl- oder Temperafarbe (denen man ebenfalls möglichst wenig Wasser zusetzen sollte, damit das Papier des Hutes nicht so wellig wird).

Hier nun einige Hinweise für die Anfertigung der gebräuchlichsten Applikationen.

Plastischer Stern

Ein solches Abzeichen sieht natürlich am besten aus, wenn es aus Gold- oder Silberpapier gefertigt wird; auf farbigem Papier kann aber auch ein weißer Stern sehr gut aussehen. Mit dem Zirkel wird ein Kreis von etwa 6 bis 8 cm gezeichnet, auf dem Kreis wird dann der Radius sechsmal abgetragen. Durch Verbindungslinien zwischen jedem zweiten Kreispunkt entsteht die Sternform, die mit Bastelmesser oder Schere ausgeschnitten wird. Auf der Rückseite falzt man mit den Scherenrücken die Verbindungslinien zwischen den Sternspitzen sowie die Verbindungslinien zwischen den Einschnitten – dann läßt sich der Stern ganz leicht plastisch verformen. Man setzt auf der Rückseite nahe den Sternspitzen Klebstoffpunkte an und appliziert das Abzeichen auf den Papierhelm.

Einfache Schleife

Die Schleife wird aus Seidenpapier oder Kreppapier gefertigt; man braucht ein etwa 8 × 8 cm großes Stück, das einfach in der Mitte gerafft und mit einer Schnur fixiert wird. Die Schleife wird dann an passender Stelle auf den Papierhut geklebt. Man kann zusätzlich die Bindschnur auf die Innenseite des Hutes durchziehen und dort als zusätzliche Sicherung festkleben.

Man kann auch mehrfarbige Schleifen fertigen: Zunächst rafft man aus einem kleineren, d. h., nur etwa 6×6 cm großen Papier eine Schleife und setzt diese dann auf eine zweite, weniger stark geraffte, aber etwas größere Schleife – und bindet beide mit einem farbig passenden Faden zusammen.

Rosetten und Kokarden

Auch für diese Applikation nimmt man Seiden- oder Kreppapier. Für eine einfache Kokarde bzw. Rosette braucht man zwei Streifen Papier, einer etwa 1,5 cm breiter und 5 cm länger als der andere. Man formt aus den Streifen Kreise, indem man eine Längskante etwas dehnt, die andere in Falten legt (bei Kreppapier) bzw. nur eine Längskante in Falten legt. Ist der Kreis fertig, wird er im Mittelpunkt durch etwas Klebstoff oder eine Heftklammer fixiert. Der zweite, auf gleiche Weise entstandene Kreis wird zentrisch mit dem ersten verbunden (ebenfalls mit Klebstoff oder Heftklammer). Auf die Mitte setzt man dann noch einen einfachen Kreis (diesen nur mit Klebstoff befestigen).
Das Foto zeigt zwei Varianten, für die nur ein Kreis in der beschriebenen Weise gefertigt wird: Auf diesem Kreis befestigt man dann ein »Federbüschel«, für das man einen Papierstreifen kammförmig bis auf einen Streifen von etwa 1 cm Breite einschneidet und dann fest zusammenrollt und mit einer Heftklammer oder einem Klebstreifen zusammenhält und auf dem vorher gefertigten Kreis anbringt. Je länger die »Kammzinken« des Federbüschels, desto schöner wird es sich öffnen und den Kreis fast völlig füllen.

Federbuschen

Eine sehr wirkungsvolle Verzierung für Hüte und Helme aus Papier stellen immer auch Federbuschen dar – ob sie nun den Dreispitz krönen oder einem Fes aufgepflanzt sind.
Je dicker ein solcher Buschen ist, desto auffälliger ist er; natürlich sollten auch die »Federn« schön lang sein, damit der ganze Buschen eine prächtig kugelige Form bekommt.

Man kann solche Federbuschen aus allen möglichen dünnen Papieren anfertigen: Man kann sowohl Seidenpapier als auch Kreppapier verwenden, selbst mit dünnem Schreibpapier entstehen prachtvolle Gebilde. Vom Zeitungs- oder Illustrierten- bzw. Prospektpapier ganz zu schweigen.

Die Anfertigung erfordert etwas Geduld, denn wenn die »Federn« möglichst schmal werden sollen, müssen sehr viele Schnitte ausgeführt werden:

Man braucht einen langen oder mehrere kürzere Papierstreifen, Breite nicht unter 10 cm, Länge beliebig (ab etwa 60 cm aufwärts). Der oder die Papierstreifen sind zusammenzufalten, damit man immer gleich viele Lagen Papier durchschneiden und das ganze Verfahren etwas abkürzen kann. Das Papier wird dann kammförmig eingeschnitten; je dichter die Schnitte liegen, desto besser. Die Abstände sollten nicht über 5 mm liegen. Das Papier wird auf etwa drei Viertel der Breite eingeschnitten. Dann wird das Papier fest zusammengerollt oder zu einem etwa 3 cm breiten Bündel zusammengelegt und mit einer Heftklammer fixiert.
Den Federbuschen kann man dann in den Hut stecken oder auf dem Hut montieren (in diesem Fall den unteren Teil des Federbuschens eventuell noch mit einer Manschette versehen). Eine Heftklammer hält den Federbuschen zuverlässig an seinem Platz.

Man kann den Federbuschen aus zwei oder drei unterschiedlichen Papierfarben anfertigen. Man kann nach dem Zusammenrollen die inneren Papierlagen etwas nach oben ziehen, so daß der Federbuschen etwas länger (und steifer) wird. Man kann vor dem unteren Teil noch eine kleine Kokarde anbringen – und was der Variationen mehr sind, die sich der Leser einfallen läßt.

Federn

Ein Jägerhut oder ein Hut für Robin Hood wäre ohne eine Feder an der Seite nur eine halbe Sache. Und stilecht wirkt, natürlich, nur eine Papierfeder.

Man verwendet – für eine steifer wirkende Feder – ein normales Schreibpapier oder einen dünnen Zeichenkarton, schneidet daraus ein Stück in den Umrissen einer überbreiten Gänsefeder – und schneidet dann von den Seiten her schräg die Federäste ein, läßt in der Mitte nur einen schmalen, leicht geschwungenen Kiel stehen.

Für eine weiche, flaumiger wirkende Feder verwendet man Kreppapier, aus dem man gleich drei oder vier gleichgroße Federn ausschneidet und mit jeweils einem dünnen Strich Klebstoff im Verlauf des Kiels aufeinander klebt. Wieder werden die möglichst schmalen Federäste eingeschnitten; es genügt, wenn ein nur etwa 1 cm breiter Kielstreifen in der Mitte bleibt. Denn diese Feder ist so labil, daß sie in voller Länge auf den Papierhut aufgeklebt werden muß; die steifere Feder aus festerem Papier könnte nach hinten über den Hutumriß hinausragen.

Fächer

Auf der Frontseite eines großflächigen Hutes macht sich auch ein Papierfächer als schmückendes Element ganz gut aus. Man kann dazu ein 15 bis 20 cm breites und 10 bis 15 cm langes Papier in gleichmäßige, etwa 1 cm breite Falten legen und dann das Papier genau in der Mitte knicken, so daß sich ein Fächer bildet (die in der Mitte zusammen-

treffenden Randstreifen mit Klebefilm zusammenfügen).

Man kann für den Fächer aber auch ein 10 bis 15 cm breites und wenigstens 20, besser 25 bis 30 cm langes Papier in 1,5 cm breite Falten legen und das Faltenbündel an einer Schmalseite mit einer Heftklammer fixieren. Die Spitzen des Fächers können noch schräg oder halbkreisförmig angeschnitten werden.

Der Fächer wird am besten auf den Papierhut geklebt und zusätzlich angenäht: In drei oder vier Falten wird der Fächer durch große Stiche mit einem passenden Faden mit dem Hut verbunden.

Pompons

Zweierlei Pomponarten sind denkbar:
Man kann einen schmalen Papierstreifen (Seiden- oder Kreppapier) kammförmig tief einschneiden,

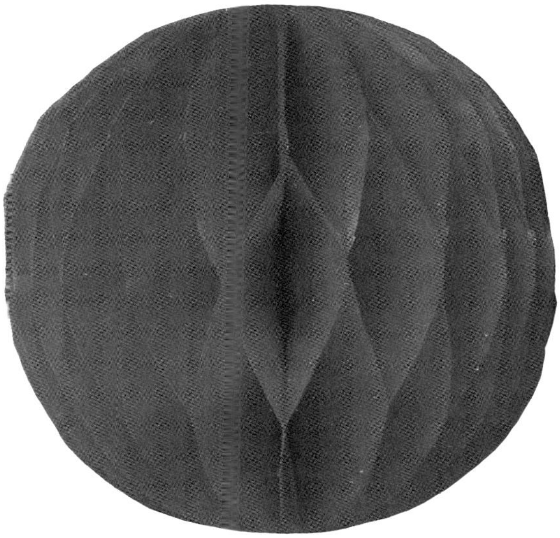

den Streifen eng rollen, mit einer Heftklammer fixieren, auf dem Hut befestigen und dann die »Federn« locker aufbüscheln.
Ein etwas aufwendiger Pompon wird aus etwa einem Dutzend quadratischer Seidenpapierstücke gefertigt. Genau in der Mitte eines Papierquadrats wird ein dünner Klebstoffstrich gezogen (am besten mit Klebstift, nicht mit flüssigem Klebstoff arbeiten). Das zweite Papier wird daraufgelegt und angedrückt – und dann zieht man rechts und links von der Mitte zwei Klebstoffstriche (jeweils etwa ein Viertel der Papierbreite von den Seitenrändern entfernt) und legt das dritte Papierchen auf. Dieses bekommt den Klebstoffstrich wieder in der Mitte – und so wechselt man die Plazierung der Klebstoffstriche ab.

Sind alle Papiere miteinander verbunden, faltet man das Päckchen quer zu den Klebstofflinien und zeichnet um die Faltlinie einen Halbkreis und schneidet das Papier halbkreisförmig aus. Das Papier wird vorsichtig zur Halbkugel geöffnet und so an passender Stelle auf den Papierhut geklebt.

Phantasieformen

Die Auswahl selbstgefertigter Applikationen ist mit den bisher bekannten Beispielen sicher noch nicht erschöpft; man kann, wenn man es wünscht, einem Papierhut noch viele andere, mehr oder weniger komplizierte Verzierungen verpassen. Nur noch zwei Beispiele zur Anregung der Phantasie:

Im ersten Foto sind tropfen- oder blütenblattähnliche Gebilde zu sehen, die aus 5 mm breiten Papierstreifen entstehen, wenn man an deren Schmalseiten einen etwa 1 cm langen Klebstoffstrich aufträgt und die beiden Enden zusammenfügt. Man kann drei oder mehr solcher »Blättchen« miteinander verbinden und dann auf den Papierhut kleben. Man kann auch mehr Blättchen zu neuen Formen fügen, mit denen dann der Hut geschmückt wird.

Das zweite Foto zeigt ein Phantasieabzeichen, das als Faltschnitt entstanden ist und dreimal vorgefalzt wurde, so daß es dann zu einem leicht plastischen Emblem geknickt werden konnte, ehe es auf dem Papierhut fixiert wurde.

Die Sonnenhaube

Als Kapotthut, Kapotte, Kiepenhut oder Schute wird eine – längst aus der Mode gekommene – Hutform bezeichnet, mit der diese Haube einige Ähnlichkeit hat. Aber verglichen mit der steifen Urform ist die Sonnenhaube eine geradezu kesse Kopfbedeckung, die es wert ist, daß man nach einem ersten Versuch mit Zeitungspapier auch mal farbiges Tonpapier als Bastelmaterial verwendet. Man kann es natürlich auch beim Zeitungspapier belassen, wenn man nur mal eben für die Gartenarbeit oder das Sonnenbad auf der Terrasse eine leichte Kopfbedeckung braucht.

Man benötigt eine Zeitungsdoppelseite (oder ein anderes Papier in entsprechender Größe); das Papier wird auf halbe Seitengröße gefaltet. Man legt es hochkant so vor sich hin, daß die offenen Kanten links und unten sind: Diese Kanten werden nun durch einen bogenförmigen Schnitt abgetrennt. Außerdem wird an den beiden Oberkanten ein millimeterbreiter Streifen bis etwa 4 cm vor der rechten oberen Ecke weggeschnitten.

Das Papier wird geöffnet und flach auf den Tisch gelegt: Unter die Ecken oberhalb der beiden Schlitze in der Mitte tupft man etwas Klebstoff und zieht diese Ecken bis nahe an die Mittellinie auf den unteren Teil und klebt sie dort fest. Danach gibt man Klebstoff auf die Ecken des unteren Teils, zieht sie über das Oberteil und klebt sie an dessen Mittellinie fest. Der Hut ist fertig – aber man kann ihn noch verändern: Man kann den unteren Rand des Oberteils zu einer Krempe hochschlagen und bekommt dann eine dem Südwester (siehe Seite 20) ähnliche Form; man kann auf beiden Seiten die Krempe hochschlagen.

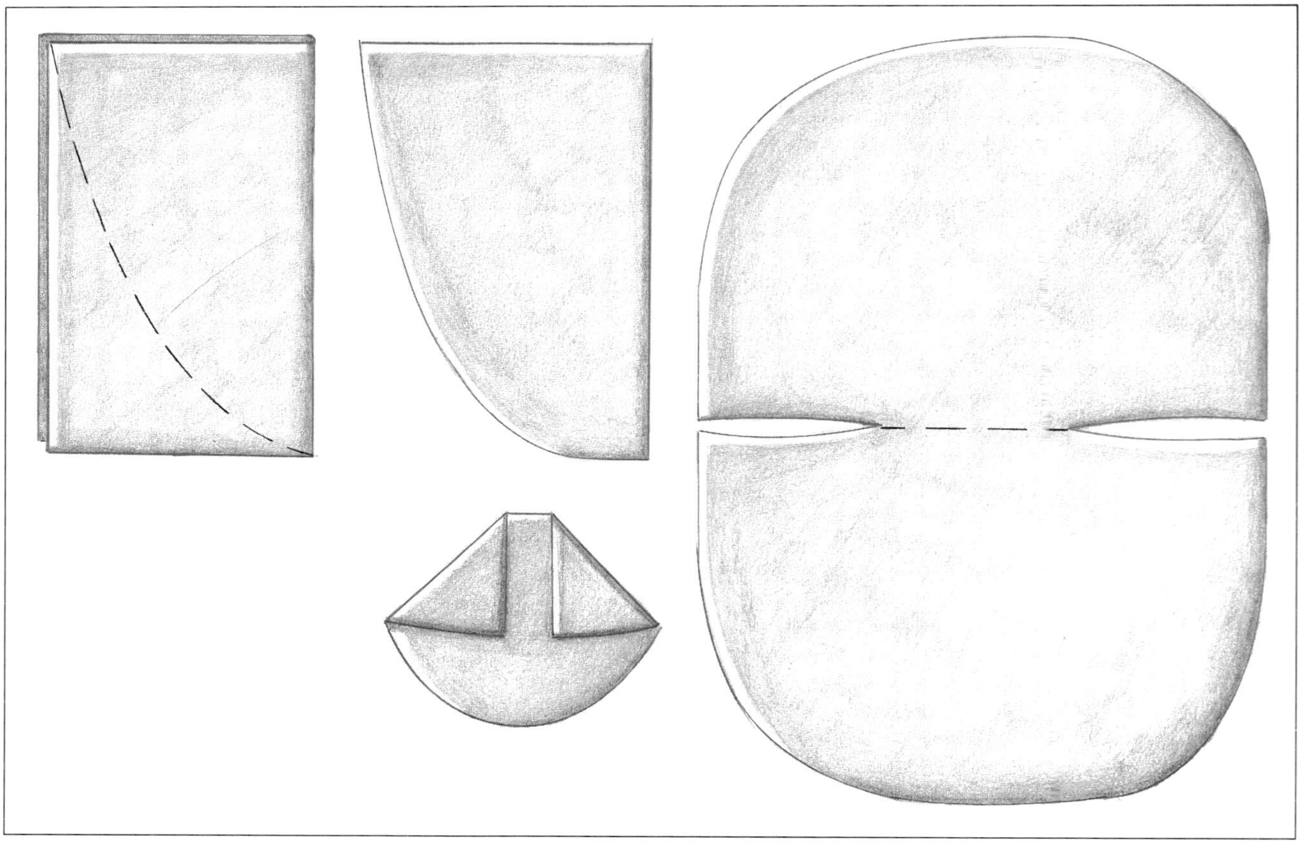

Geflochtene Haube

Die Anregung zu dieser Haube gaben die rotweißen Herzen, die vor allem in Dänemark als Schmuck an den Weihnachtsbaum gehängt werden. Diese Herzen werden, mit jeweils doppelt liegenden Papieren, auch als Täschchen geflochten und nehmen dann kleine Süßigkeiten auf.

Wer für den ersten Versuch Zeitungspapier verwendet, sollte sich nicht entmutigen lassen, wenn beim Flechten das Papier da oder dort reißt: steiferes Papier übersteht die Flechterei, so daß am Schluß doch ein ansehnliches Häubchen entsteht. Glanzpapier in zwei unterschiedlichen Farben macht sich besonders gut.

Für eine Kinderhaube braucht man zwei 50×21 cm große Papiere, die jeweils in der Mitte gefaltet und dann, von dem Mittelbruch aus, in 3 cm Abständen 21 cm tief eingeschnitten werden. Man kann sich die Flechtarbeit erleichtern, wenn man jeweils zwei Schnitte in Millimeterabstand anbringt (am besten mit einem Bastelmesser), d. h., die Flechtstreifen durch schmale Spalten trennt. Die beiden Papiere werden dann miteinander verflochten. Nach dem Ausrichten der Flechtstreifen werden die Randstreifen nach innen umgeschlagen und mit etwas Klebstoff fixiert.

Man kann die beiden Papierteile auch wesentlich größer (aber in den gleichen Proportionen) zuschneiden, mit 4 oder 5 cm breiten Flechtstreifen versehen – und den scheinbar zu groß geratenen Hut dann wieder auf die richtige Größe bringen, indem (wie bei einem »Safarihut«) die Spitzen nach oben geklappt werden.

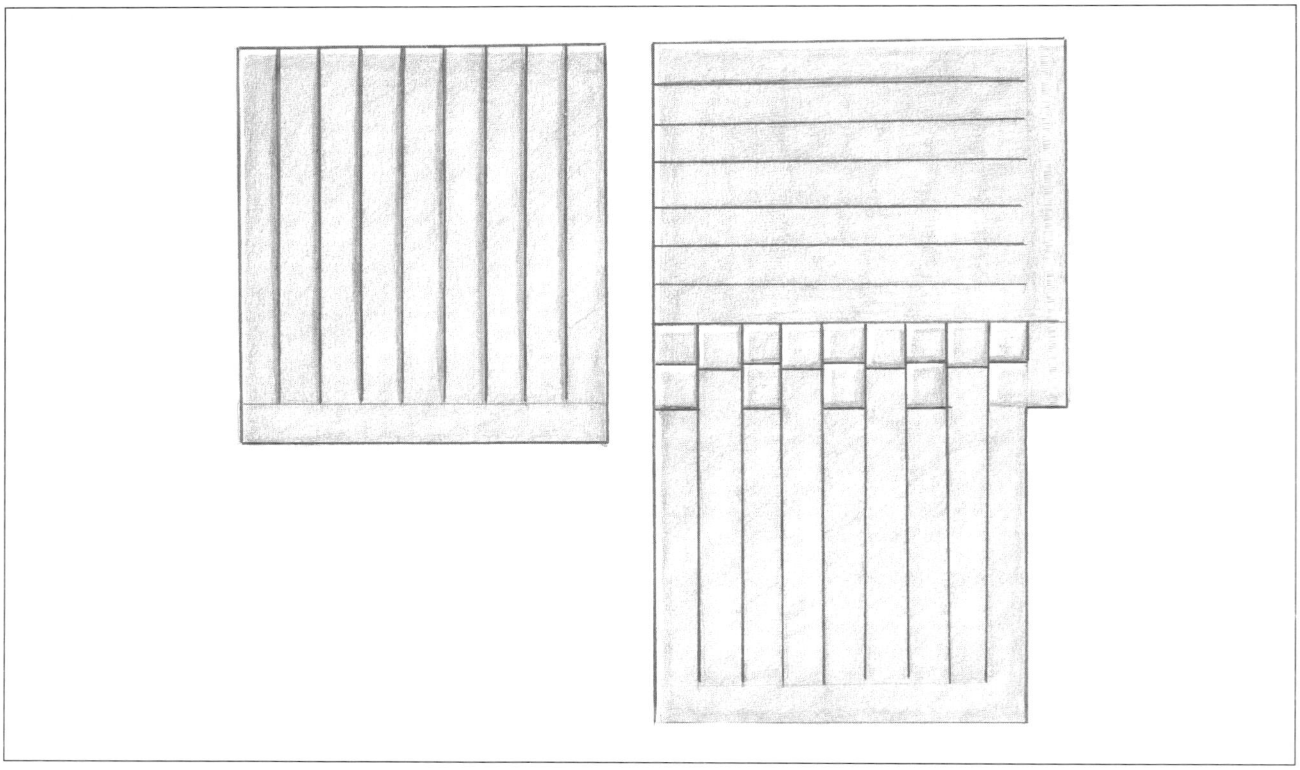

Der Clown-
hut

Wer sich, für Fasching oder eine Zirkusaufführung, als Clown kostümieren will und nach einer passenden Kopfbedeckung sucht, kann eigentlich fast alle Modelle aus diesem Buch wählen. Wer den speziellen Typ des traurigen Clowns darstellen will, ist jedoch nur mit dem Spitzhut, wie er hier zu sehen ist, richtig behütet.

Dieser Spitzhut steht natürlich nicht nur einem Clown gut: Ohne die drei Pompons kann er, mit einem von der Spitze hängenden Schleier, auch ein Burgfräulein zieren.

Der Hut wird aus einem Papierrechteck mit dem Seitenverhältnis 1:2, einem doppelten Quadrat also, gefaltet. Für einen Kinderkopf braucht man ein etwa 35 × 70 cm großes Stück.

Die Faltschritte:

1 Das Rechteck in der Mitte falten; das entstehende Quadrat über einer Diagonale leicht falten und wieder öffnen.

2 Zwei gegenüberliegende Ecken an diese Hilfslinie heranfalten.

3 Das oben liegende der beiden Dreiecke unten nach oben umschlagen, seine Spitze mit etwas Klebstoff fixieren.

4 Das Papier wenden und auch auf der Rückseite das Dreieck hochschlagen und fixieren.

Für die Anfertigung der Pompons sind auf Seite 66 entsprechende Hinweise zu finden.

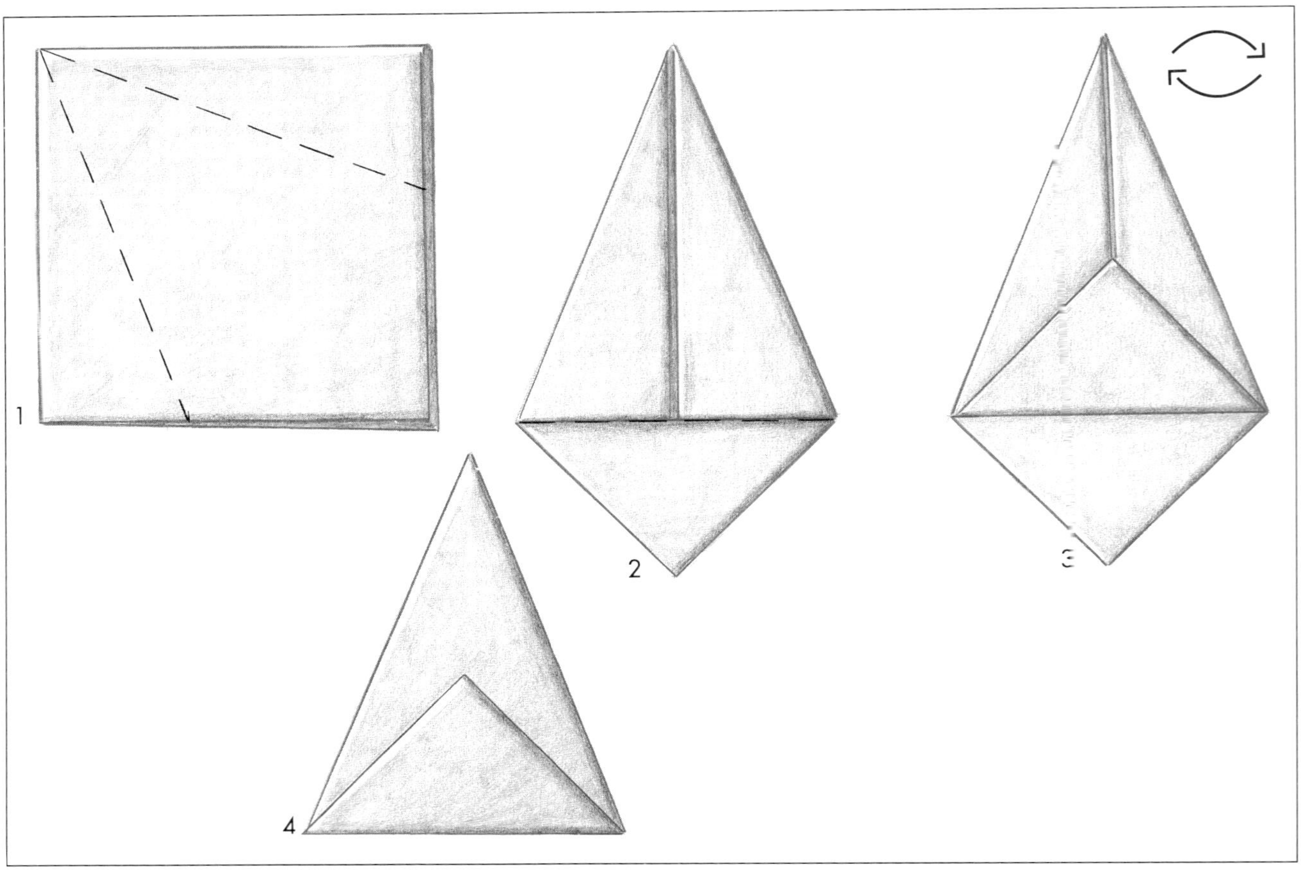

Das Barett

Die strenge Form des Baretts kann so schmuck- und farblos getragen werden, wie Richter ihre Kopfbedeckung tragen; man kann das Barett aber auch mit einer oder mehreren, weit ausladenden und schwingenden Papierfedern schmücken (siehe Seite 69). Dann tut es freilich nicht mehr schlichtes Zeitungspapier – dann ist ein Glanz- oder Tonpapier der passende Rohstoff für das Barett.

Das Barett wird aus einem Quadrat gefaltet. Für einen Kinderkopf kann schon ein 50×50 cm großes Quadrat genügen, denn die Kopfweite kann dadurch – allerdings nur in engem Rahmen – reguliert werden, daß man die ab Faltschritt 3 dargestellten Umschläge mehr oder weniger eng anlegt.

Die Faltschritte:

1 Das Quadrat in den Diagonalen falten. Das Papier wenden und einmal von Kantenmitte zu Kantenmitte falten. Das Papier dann wieder wenden.

2 Die Endpunkte der Mittelfalte zur Mitte der unteren Kante ziehen und das übrige Papier darüber legen. Alle Faltlinien scharf nachziehen.

3 Die oben liegende linke untere Ecke zur rechten schrägen Kante falten.

4 Ebenso die rechte untere Ecke zur linken schrägen Kante falten. Die Breite des ungefalteten Teils in der Mitte der unteren Kante entspricht einem Viertel der benötigten Kopfweite.
Die Umschläge ineinander stecken und mit einem Klecks Klebstoff fixieren.

5 Die Faltschritte 3 und 4 auch auf der Rückseite wiederholen. Die Spitze nach vorn und hinten falten und wieder aufrichten. Dann den Hut öffnen.

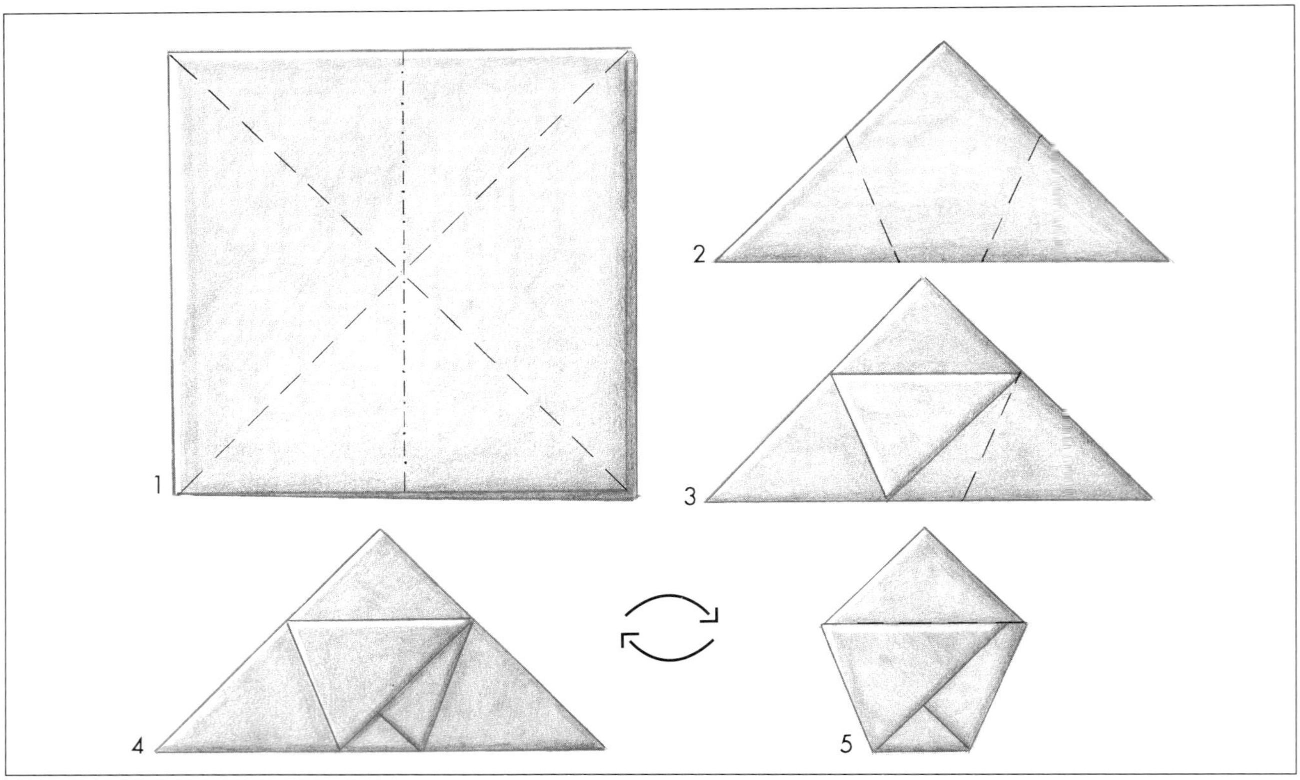

Die schnelle Haube

Mit denkbar geringem Arbeitsaufwand ist diese einfache Haube fertigzustellen – und dennoch sieht sie recht schmuck aus. Man kann sich damit begnügen, sie aus einfarbigem oder bunt bedrucktem Geschenkpapier zu fertigen; man kann sich aber auch zusätzlich einige Applikationen in Form eines Federbuschen an der Spitze oder einiger Kreppapierbänder im Nacken einfallen lassen. Man kann auf die Falte über der Stirn einen oder mehrere bauschige Pompons setzen – und was der Verzierungen mehr sein mögen.

Die Haube wird aus einem DIN A3 großen Papier gefaltet, wenn sie für einen Kinderkopf bestimmt ist. Für einen Erwachsenen braucht man ein etwa 50 × 35 cm großes Blatt.

Die Faltschritte:

1 An einer Längskante einen etwa 3 bis 5 cm breiten Streifen falten.

2 Das Papier wenden, die Mitte mit einem leichten Knick markieren; von der oberen Mitte zu den unteren Ecken Talfalten knicken.

3 Die beiden Umschläge mit etwas Klebstoff fixieren – dann ist die Haube schon fertig.

4 Man kann aber die Vorderkante des oben liegenden Umschlags noch ein-, zweimal vor und zurückfalten und dann erst beide Umschläge durch einen schmalen Strich Klebstoff miteinander verbinden.

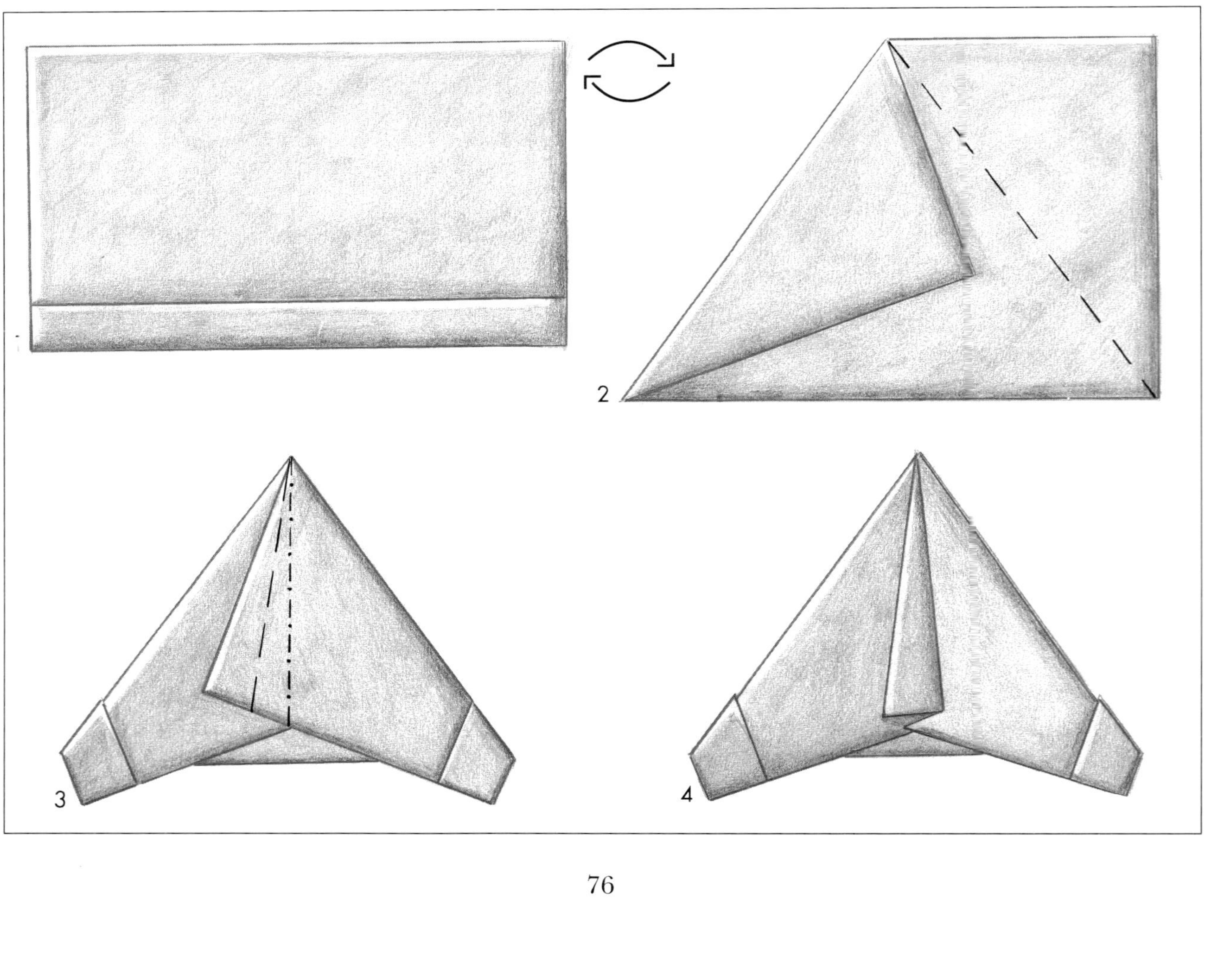

Der Tütenhut

Ganz ohne Faltarbeit entsteht ein wandlungsfähiger Huttyp, für dessen Kegelform das Schnittmuster mit Hilfe eines Zirkels entwickelt werden muß: Man zeichnet einen Halbkreis mit großem Radius, wenn man einen hohen, spitzen Hut bekommen will; man zeichnet einen Dreiviertelkreis mit kleinerem Radius, wenn man einen niedrigen, stumpferen Hutkegel bekommen will. Die Kreisausschnitte werden ausgeschnitten, an einer Kante wird ein Strich Klebstoff aufgetragen und dann kann man den Kegel formen und zusammenkleben, passend zur Kopfweite.

Der spitze Tütenhut kann mit einer Krempe versehen werden; dazu krempelt man einfach einen etwa 5 cm breiten Streifen am Kreisrand um. Der flache Tütenhut sollte mit einem Hutgummi versehen werden; wenn sein Träger oder seine Trägerin nicht ständig eine Hand am Hut haben will, um den schiefen Sitz zu korrigieren. Der spitze Hut dagegen sitzt fester auf dem Kopf, kann tiefer in die Stirn gezogen werden, und braucht deshalb keinen Gummizug unterm Kinn.

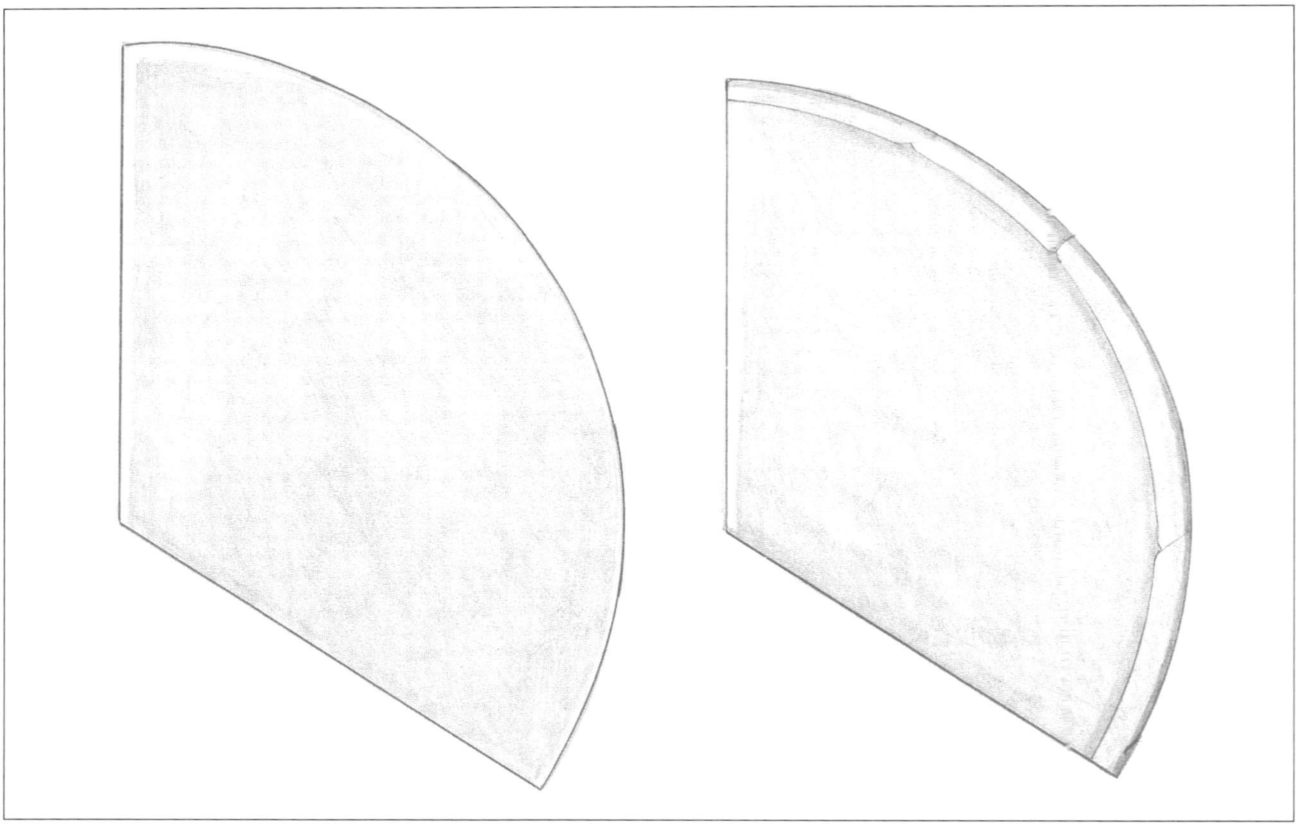

Der Hut des Harlekins

Eine hübsche Ergänzung zu einem Faschingskostüm stellt dieser Harlekinhut dar, der die Grundform des Spitzhutes mit angedeuteten Eselsohren kombiniert. Die originelle Form weckt genug Aufmerksamkeit für den Träger dieses Hutes; man kann sich deshalb damit begnügen, ein einseitig farbiges Papier zu verwenden (es muß also kein bunt gemustertes Geschenkpapier sein). Die weiße Rückseite des verwendeten Papiers zeigt sich dann als kontrastierende Krempe.

Ein 50×70 cm großer Bogen reicht für einen Kinderkopf, eventuell sogar für einen Erwachsenenkopf: Die benötigte Kopfweite läßt sich mit dem Faltschritt 4 genau einstellen. Ein größeres Papierformat macht den Harlekinhut natürlich noch ein wenig großartiger.

Die Faltschritte:

1 Das Papier in der Mitte falten, den Mittelbruch durch eine Talfalte markieren.

2 Die oberen Ecken an die Mittellinie falten. Das Papier wenden.

3 Auf der Rückseite den unteren Rand etwa 7 cm hoch umschlagen. Das Papier wieder wenden.

4 An der Unterkante der dreieckigen Umschläge von der Mittellinie aus nach rechts und links je ein Viertel der gewünschten Kopfweite anzeichnen: Durch diese Punkte verlaufen die Talfalten beim Umschlagen der Außenkanten nach innen.

5 Den unteren Teil des Hutes bündig mit der Krempe auf der Rückseite nach oben falten.

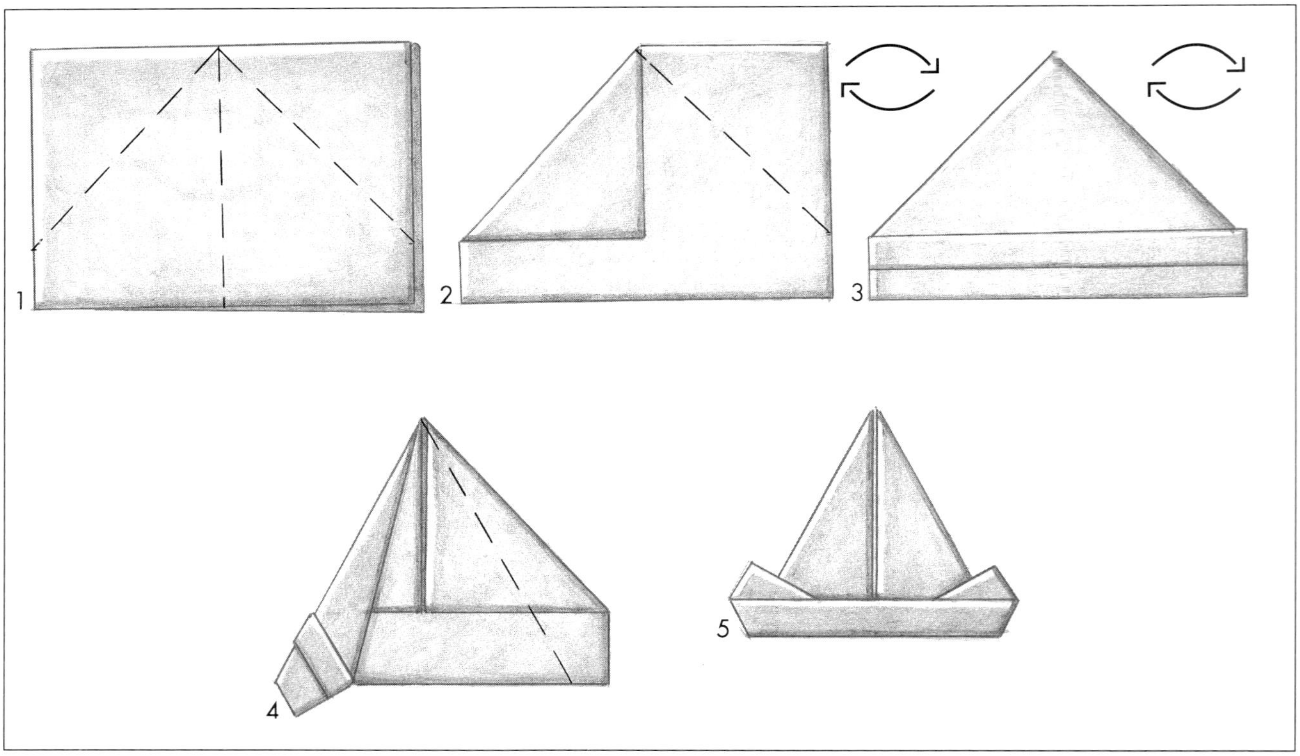

Der Spitzhut für Helga Hägar

Warum des Wikingers Hägar Frau zu Hause auch einen mit Büffelhörnern bewehrten Helm trägt, ist nicht einzusehen: Es genügt doch, daß sie in ihrem Heim die Hosen anhat und Hägar nur gelegentlich aufmucken darf. Sei's drum: Sie bekommt hier einen Spitzhut zugedacht, der mit kleinen Hörnern versehen ist und damit ihre Unerschrockenheit symbolisiert...

Der Spitzhut wird aus einem Quadrat gefaltet, dessen Kantenlänge für einen Kinderkopf 68 bis 70 cm betragen muß; eine Zeitungsdoppelseite genügt dafür nicht mehr.

Die Faltschritte:

1 Das Quadrat diagonal falten.

2 Die Ecken am Mittelbruch zur dritten, rechtwinkligen Ecke falten.

3 Die beiden Ecken rechts und links an die Mitte falten.

4 Die beiden Dreieckflächen von unten nach oben umschlagen.

5 Die Spitzen der hochgefalteten Dreiecke mit Talfalten nach rechts und links umschlagen.

6 Das oben liegende der beiden unteren Dreiecke in zwei Schritten nach oben über die »Hörner« falten.

7 Das Papier wenden und das verbleibende Dreieck nach oben umschlagen

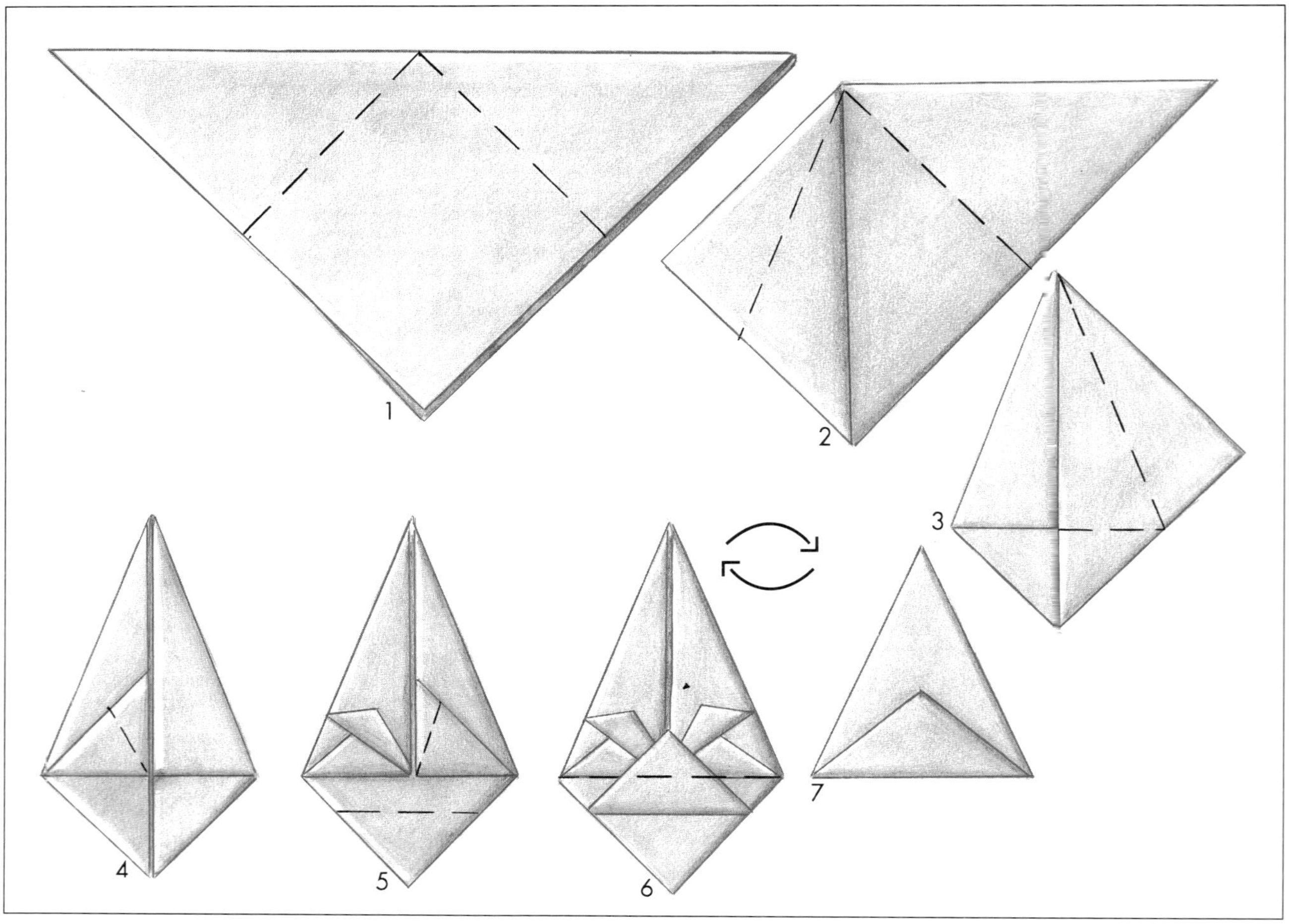

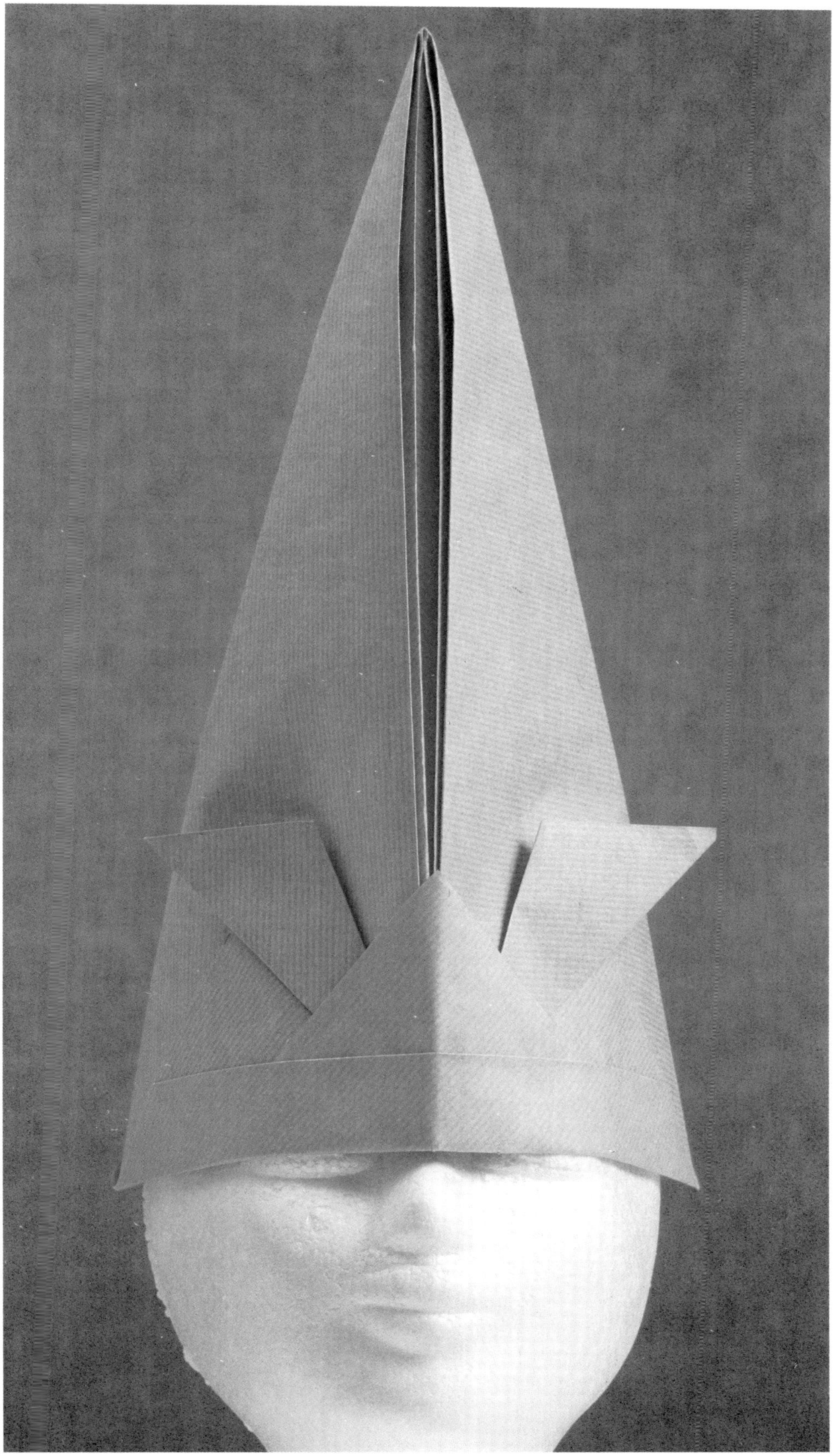

Die Narrenkappe

Reiche und mächtige Leute des Mittelalters hatten sich einen Hofnarren gehalten, der sie unterhalten mußte, ihnen gelegentlich auch den Spiegel der Wahrheit vorhalten durfte. Diese Hofnarren trugen ein Kostüm, das sie von den anderen unterschied; ihre Kappen waren mit echten oder imitierten Eselsohren versehen – und solche Eselsohren kann man mit ein wenig Fantasie auch an der hier vorgestellten Kappe erkennen.

Die Narrenkappe wird aus einem Quadrat gefaltet, das für einen Kinderkopf etwa 50 × 50 cm groß sein muß.

Die Faltschritte:

1 Das Quadrat in den Diagonalen falten und öffnen. Wenden und von Kantenmitte zu Kantenmitte falten und wieder öffnen.

2 Zwei gegenüberliegende Ecken auf eine dazwischen liegende Ecke falten und die vierte Ecke nachziehen. Alle Faltlinien scharf nachziehen.

3 Das Papier mit den offenen Seiten nach oben vor sich legen. Die beiden seitlichen Ecken zur Mittellinie falten.

4 Die an der Mittellinie liegende Ecke zur schrägen Kante zurückfalten.

5 Die beiden Falten öffnen und die untere Ecke symmetrisch auf die schräge Kante falten.

6 Die Faltschritte 3 bis 5 auch auf der Rückseite wiederholen.

7 Die äußeren Teile nach hinten falten. Das Papier wenden und auch hier die äußeren Teile nach hinten falten. Unter den mit einem Kreuz bezeichneten Stellen einen Klecks Klebstoff auftragen und das oben liegende Teil fixieren.

8 Die oberen Spitzen nach unten falten, dann die Narrenkappe öffnen.

An den Spitzen können kleine Pompons oder farbige Papierstreifen befestigt werden.

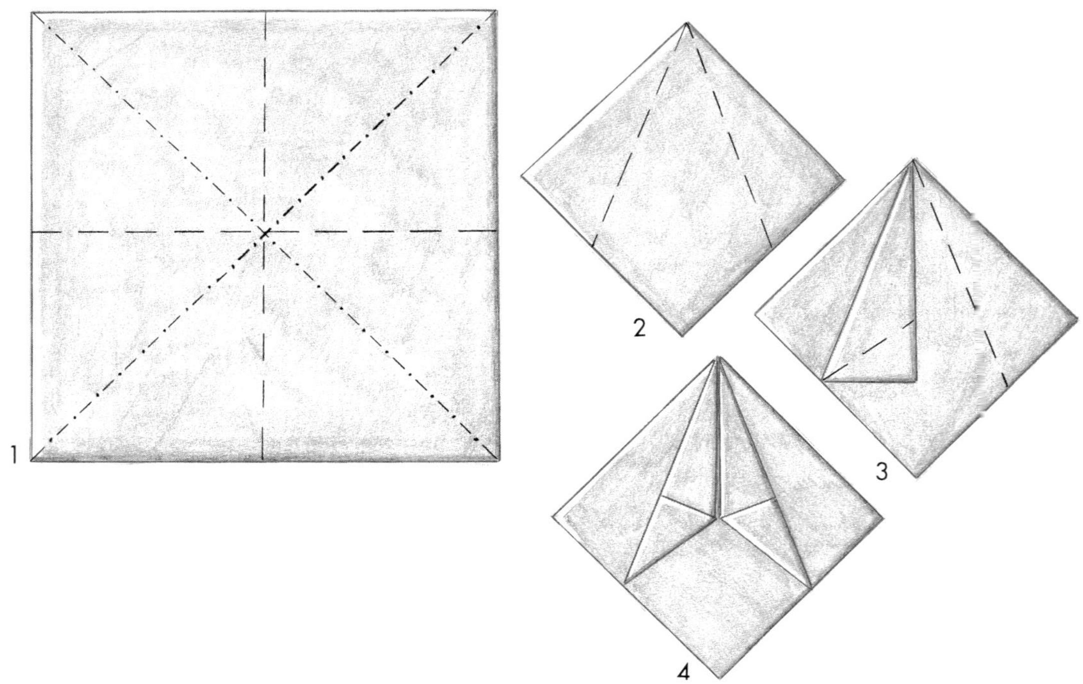

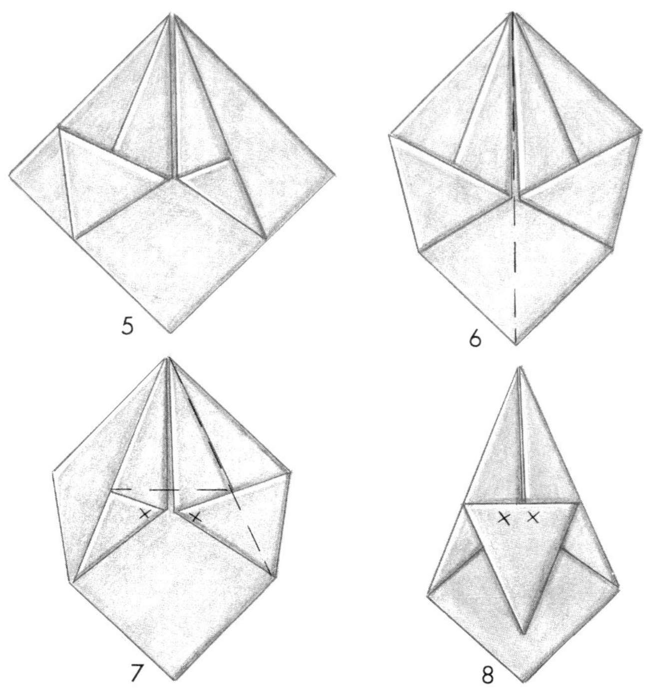
5
6
7
8

Die Schildmütze

Nahe an die Kunstfertigkeit eines echten Hutmachers kommt heran, wer diese Schildmütze bastelt. Sie weist alle Elemente einer echten, meist aus dunkelblauem Tuch mit glänzendem Schild gefertigten Schildmütze auf und verlangt einiges Geschick bei der Vorbereitung und beim Einpassen des Deckels.

Man braucht als erstes einen etwa 5 cm breiten Streifen für den Mützenrand. Er wird aus einer Zeitungsseite gefaltet; seine Länge entspricht der Kopfweite plus 3 cm Überlappung für die Klebenaht. Für den Deckel legt man vier Lagen Zeitungspapier aufeinander, heftet sie mit ein paar Tupfern Klebstoff leicht zusammen und zeichnet darauf einen Kreis, dessen Radius am fertiggestellten, auf den Kopf passenden Mützenrand abgelesen werden kann: halber Durchmesser plus 8 cm. Den Schild schneidet man aus ebenfalls leicht zusammengeklebten 4 bis 8 Lagen Zeitungspapier.

Der Deckel wird ausgeschnitten; dann zieht man nahe am Kreisrand Stopfgarn in großen Stichen durch das Papier und zieht mit diesem Garn den Kreis vorsichtig zusammen, nachdem man das Papier zwischen den Händen noch leicht geknüllt hat. Wenn das Papier zu einer Ballonform zusammengezogen ist, deren Durchmesser in etwa dem des Mützenrandes entspricht, kann der Deckel in den Mützenrand geklebt oder getackert werden. Erst danach löst man den Zugfaden.

Die Innenkante des Schilds wird in Abständen von etwa 2 cm eingeschnitten, damit die Klebelaschen entstehen, mit denen der Schild auf der Innenseite des Mützenrandes befestigt wird.
Für den Bommel auf der Mütze mindestens acht Papierkreise mit 10 cm Durchmesser im Mittelpunkt zusammenkleben, vom Rand her einschneiden, auf den Deckel kleben und mit den Fingern locker aufbauschen.

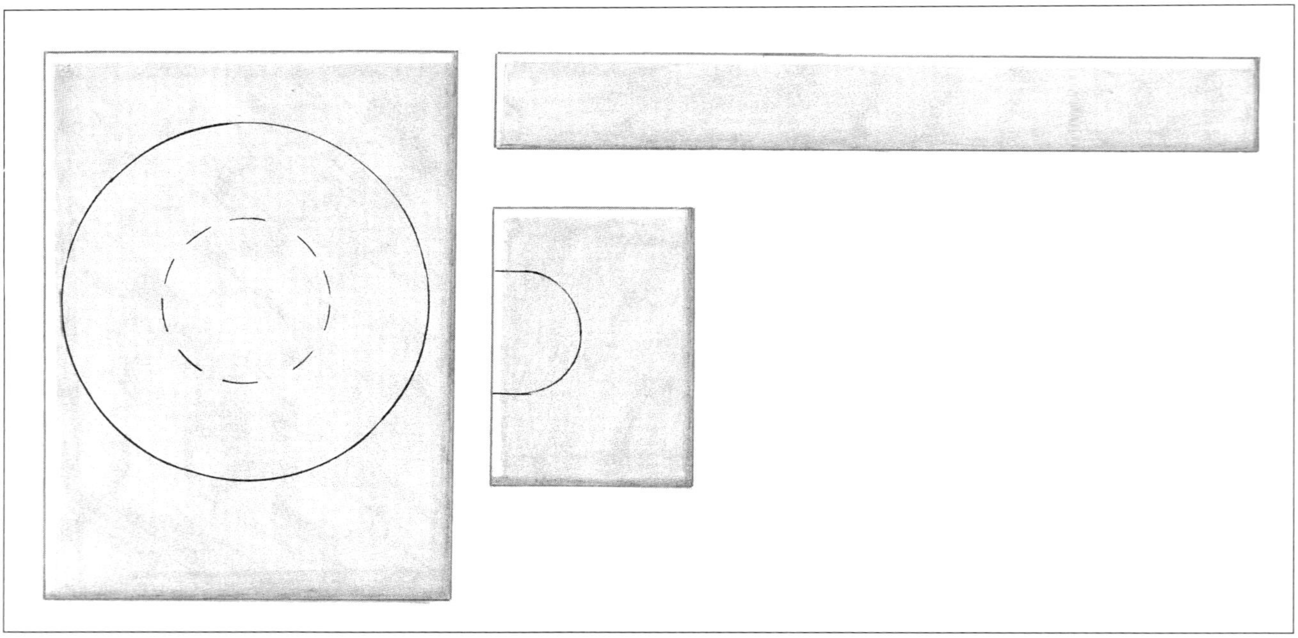

Der Sombrero

Mit der auffallenden Pracht echter mexikanischer Sombreros kann sich unser Modell nicht ganz messen – aber unter allen Papierhüten ist es dennoch eine bemerkenswerte Erscheinung. Weil beim ersten Faltversuch der letzte Faltschritt einige Schwierigkeiten bereiten kann, empfiehlt es sich, den Sombrero erst einmal aus Zeitungspapier zu falten und nach diesem Test dann Packpapier als Bastelmaterial einzusetzen.

Der Sombrero entsteht aus einem quadratischen Blatt, dessen Kantenlänge für einen Kinderkopf bei 55 bis 60 cm liegt.

Die Faltschritte:

1 In das Quadrat diagonal Talfalten, von einer Kantenmitte zur anderen eine Bergfalte knikken und das Papier wieder öffnen.

2 Die Endpunkte der Mittelfalte zur Mitte der unteren Kante ziehen, den oberen Teil des Papiers darüber legen.

3 Die oben liegende linke Kante an die Mittellinie falten, danach ebenso die rechte Kante.

4 Die unten überstehenden Dreiecke nach innen umschlagen.

5 Ebenso auf der Rückseite verfahren.

6 Nach links und rechts die innen liegenden Teile ausklappen.

7 Den unteren Teil nach oben falten.

8 Auch auf der Rückseite unteren Teil hochfalten. Dann den Hut öffnen und dabei die Ecken rechts und links nach oben klappen. Die Krempe gleichmäßig ausformen.

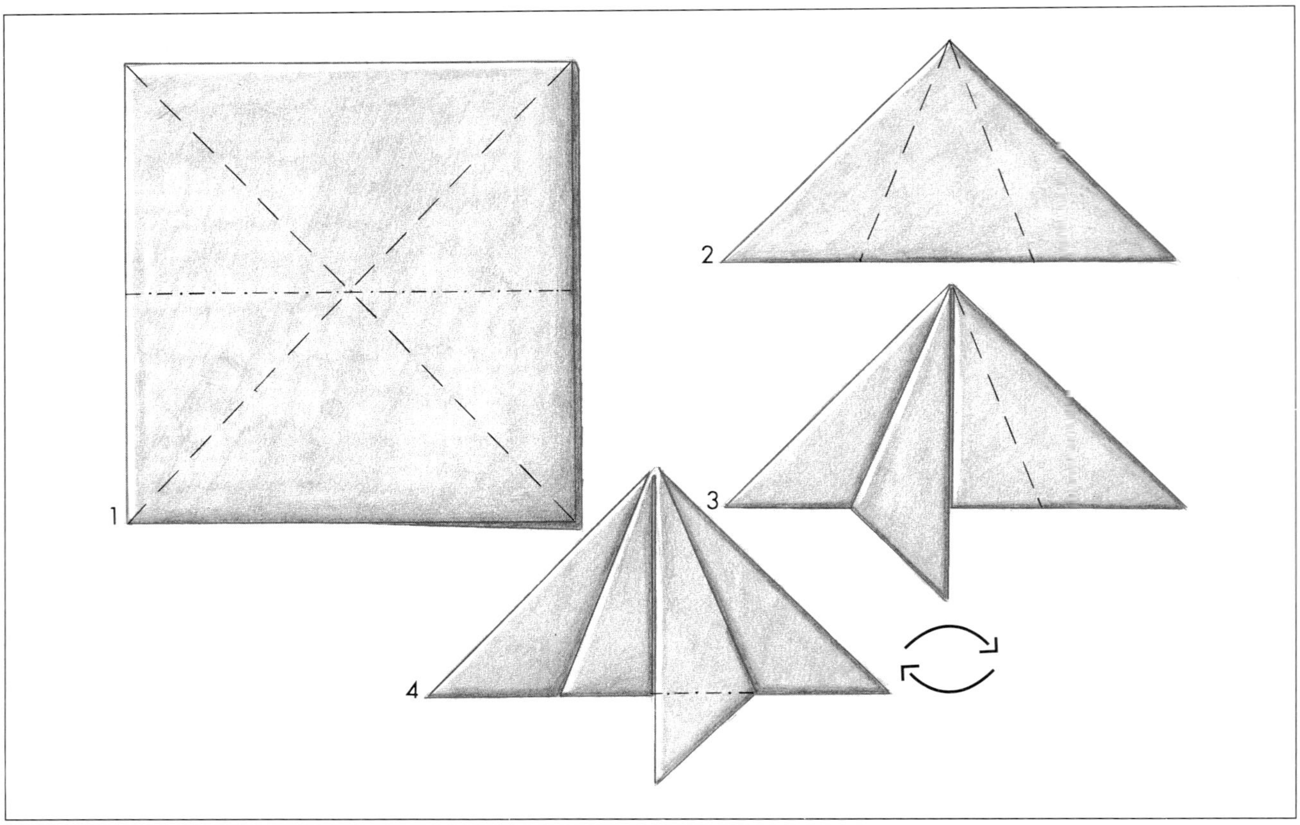

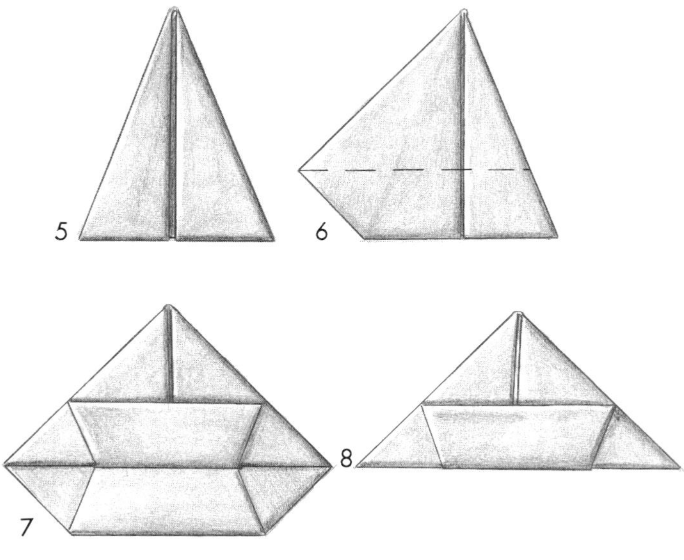
5
6
7
8

Käppi
Nummer 4

Wie die meisten anderen Käppis und Schiffchen, die dieses Buch zeigt, ist auch dieses Modell als Teil der Arbeitskleidung entstanden: als Kopfbedekkung von Malern, Tapezierern und Verputzern, die sich vor Farbspritzern schützen wollen. Dieses Käppi ist darum ein ebenso schmuckloses wie schnell gefertigtes Modell. Das schließt natürlich nicht aus, daß man es statt aus einfachem Zeitungspapier auch mal aus einem Geschenkpapier fertigen kann oder daß man es mit allerlei Applikationen oder sogar mit einem schön wallenden Federbusch verzieren kann.

Das Käppi Nummer 4 wird aus einem Quadrat gefaltet, dessen Kantenlänge der gewünschten Kopfweite entspricht.

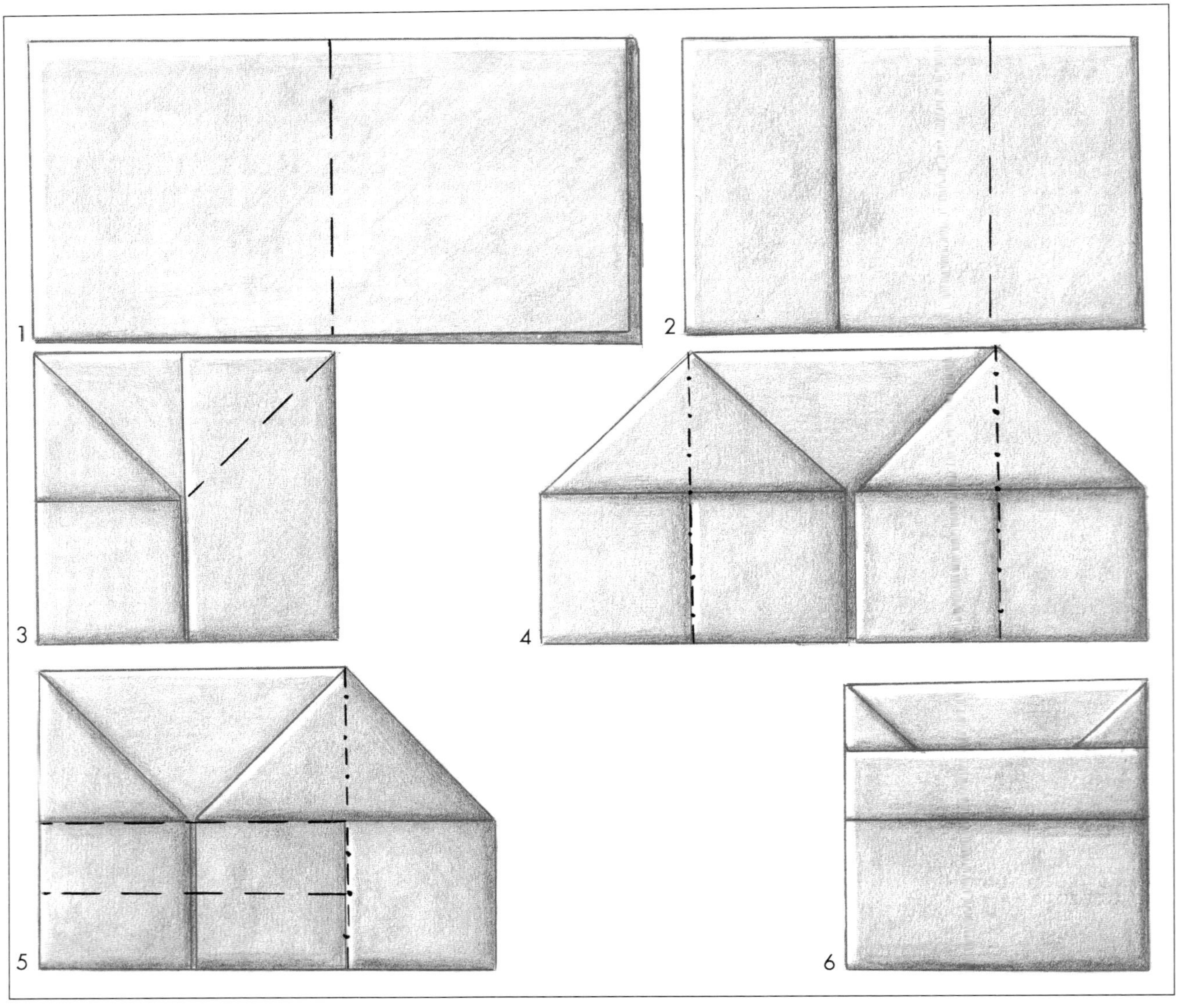

Die Faltschritte:

1 Das Quadrat in der Mitte falten. Den Mittelbruch mit einer leichten Talfalte kenntlich machen.

2 Die Schmalseiten rechts und links an die Mittellinie heranfalten.

3 Die oberen Ecken der Umschläge an die Außenkanten falten und diese wie auch die vorigen Falten wieder öffnen.

4 Die äußeren Viertel der Oberkante nach vorn unten falten, so daß sich die beiden »Giebelformen« ergeben.

5 Die äußeren Hälften dieser »Giebel« nach hinten falten.

6 Den unteren Teil in zwei Schritten nach oben falten. Das Papier wenden und auf der Rückseite den unteren Teil ebenfalls hochfalten.

Käppi Nummer 5

Ein wenig kesser als das auf den vorhergehenden Seiten vorgestellte Käppi ist dieses Modell, dementsprechend auch ein wenig komplizierter herzustellen. Aber wer dieses Käppi nachfaltet, vielleicht sogar ein zweites oder drittes Muster probiert, wird meinen, daß es allenfalls ein wenig kompliziert ist, die letzten Faltschritte zu beschreiben: sie nachzumachen ist dagegen nicht gar so schwierig...

Ein Quadrat mit der Kantenlänge gleich Kopfweite ist hier das Ausgangsformat

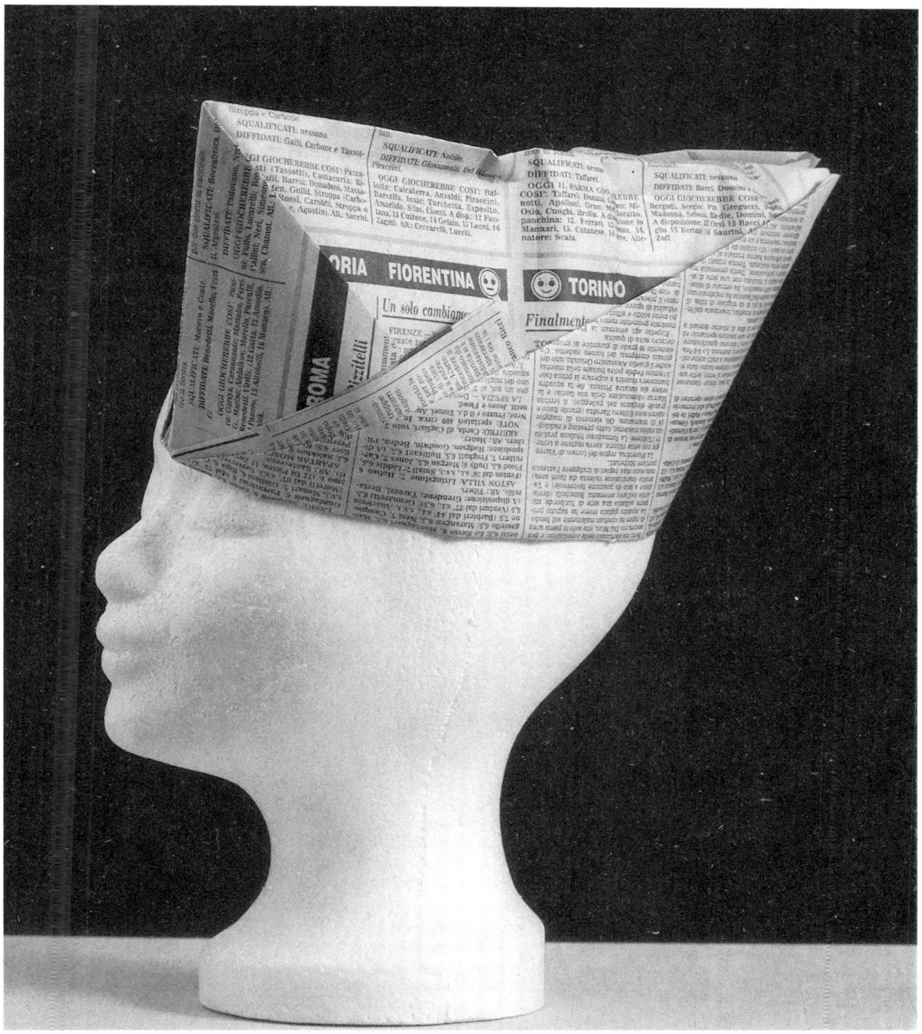

Die Faltschritte:

1 Das Quadrat in der Mitte falten und den Mittelbruch durch eine leichte Falte markieren.

2 Die Außenkanten rechts und links an die Mittellinie falten.

3 Die oberen Ecken der Umschläge nach außen falten. Dann beide Falten wieder öffnen.

4 Die äußeren Viertel der Oberkante nach vorn unten falten, so daß sich die beiden »Giebelformen« ergeben.

5 Die äußeren Hälften der Giebel nach hinten falten.

6 Den oben liegenden unteren Teil um die Diagonale zwischen linker Kantenmitte und rechtem unteren Eck nach oben falten.

7 Den unteren Teil dann um die waagerechte Mittellinie nach oben falten. Beide Falten wieder öffnen.

8 Den Umschlag, auf dem sich eine Faltlinie markiert (in der Zeichnung ist es der rechte!) öffnen, das in Faltschritt 6 markierte Dreieck darunter nach oben falten.

9 Den Faltschritt 7 wiederholen. Den über die Diagonalfalte hinausragenden Teil des Umschlags nach innen falten. Das Papier wenden und auf der Rückseite die Faltschritte 6 bis 9 wiederholen – aber spiegelbildlich andersrum!

Altbabylonischer Königshut

Aus Papier waren die Hüte sicher nicht, die vor mehr als 3000 Jahren die Häupter der babylonischen Könige zierten – aber in der Form waren sie dem hier vorgestellten Modell ähnlich, als kegelförmige Haube mit einem leichten Schleier im Nacken. Wer einen solchen Königshut bastelt, kann wenigstens durch ein feineres Papier und durch einen ringsum laufenden Besatz etwas mehr hermachen.

Für einen Kinderkopf reicht im allgemeinen eine Zeitungsdoppelseite, weil mit den in den Faltschritten 5 und 6 dargestellten Umschlägen die gewünschte Kopfweite genau eingestellt werden kann.

Die Faltschritte:

1 Das Papier in der Mitte falten; den Mittelbruch mit einer leichten Talfalte markieren.

2 Die an der Mittelfalte liegenden Ecken an den Mittelbruch falten.

3 Die oben liegende Kante nach unten falten. Das Papier wenden.

4 Die über die Schrägkanten hinausragenden Ecken des Umschlags nach vorn falten.

5 Von der Mittellinie aus nach rechts und links jeweils ein Viertel des gewünschten Kopfumfangs als Schnittpunkt mit den Schrägkanten markieren: An diesen Markierungen den oberen Teil der Schrägkante nach links bzw. rechts umschlagen.

6 Die beiden Umschläge ineinander stecken, eventuell mit etwas Klebstoff fixieren.

Je nach den Proportionen des verwendeten Papiers kann anschließend an Faltschritt 3 auch auf der Rückseite der Rand umgeschlagen und dann erst mit Faltschritt 4 fortgefahren werden: Dann wird die Kappe nicht so hoch – und die Öffnung im Scheitelpunkt größer.

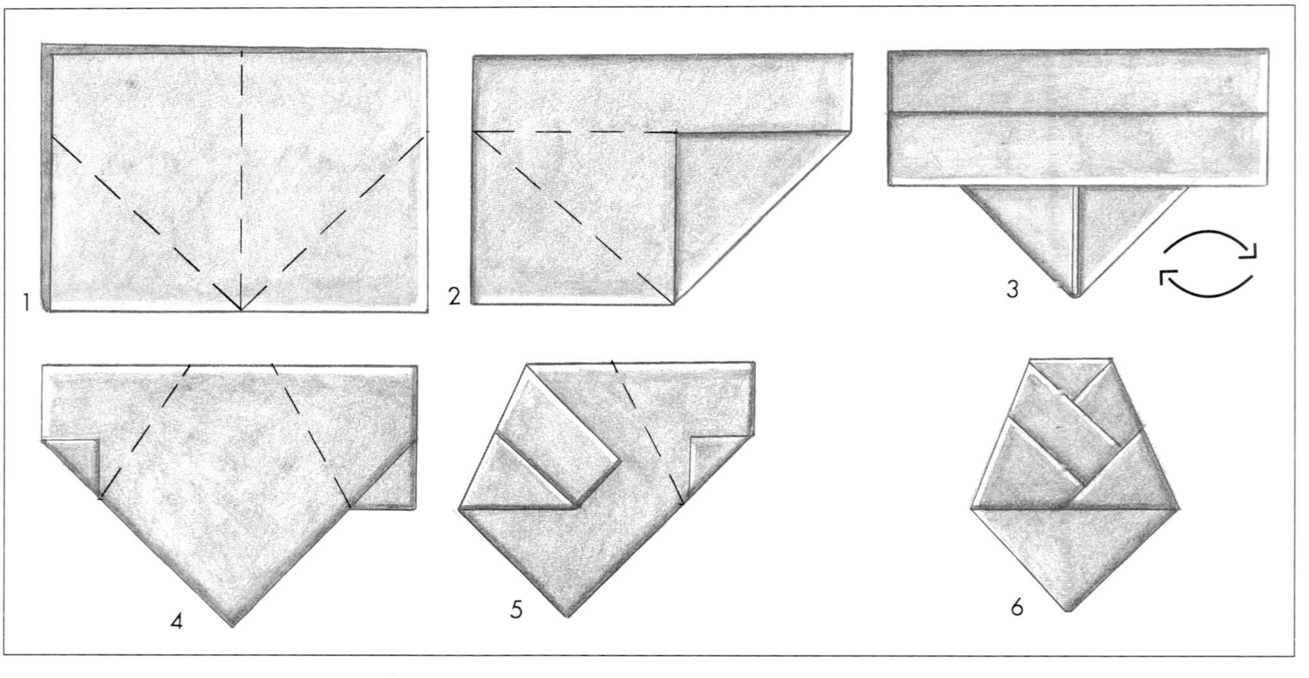

Der Admiralshut

Mit den ersten vier Faltschritten wird das hier vorgestellte Modell dem aufmerksamen Leser bekannt vorkommen: Den Anfang seiner Entstehung hat der Admiralshut mit dem Fes (Seite 62), mit Robin Hoods Hut (Seite 48) und mit Sherlock Holmes' Hut (Seite 50) gemeinsam; den Unterschied bringen dann die beiden letzten Faltschritte.

Es entsteht ein Hut, dessen Frontansicht einige Ähnlichkeit mit dem bekannten Papierschiffchen hat (das sich aus dem auf Seite 16 gezeigten Dreispitz ergibt, wenn man die Spitzen auseinander zieht), aber auch einige Ähnlichkeit mit den Kopfbedeckungen englischer Admiräle vergangener Zeiten. Zwei naheliegende Gründe also, dieses Modell als einen Admiralshut auszugeben.

Gefaltet wird aus einem Quadrat, dessen Kantenlänge der gewünschten Kopfweite entspricht.

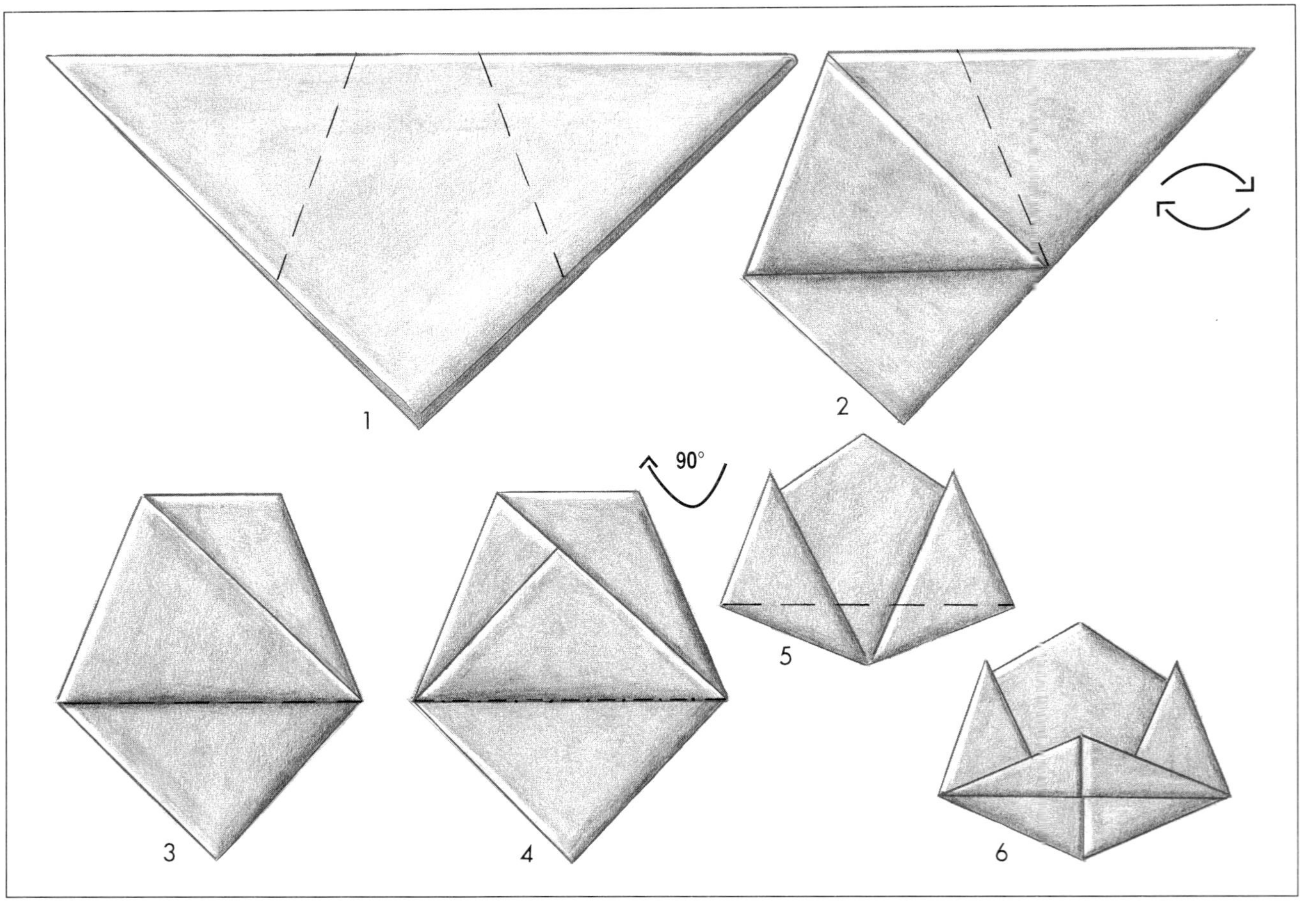

Die Faltschritte:

1 Das Quadrat diagonal falten.

2 Die linke Ecke an die schräge rechte Kante falten. Das Papier wenden.

3 Wiederum die linke Ecke an die schräge rechte Kante falten.

4 Die unteren Dreiecke vorn und auf der Rückseite hochfalten.

5 Die linke Hälfte auf die rechte Hälfte falten und wieder öffnen. Dann den Hut öffnen und die rechte untere Ecke auf die linke untere Ecke falten. Dabei die Oberkante nach innen falten.

6 Den unteren Teil um die Verbindungslinie zwischen den unteren Ecken vorn und auf der Rückseite hochfalten. Dann die hochstehenden Spitzen auseinander ziehen.

Der Schachtelhut

Dieses Modell ist ein Beispiel der japanischen Papierfalttechnik Origami. In den hier dargestellten Faltschritten entsteht für die Origamifreunde eine Schachtel; man kann das fertige Gebilde – wenn es nur groß genug ist – aber auch umdrehen und sich auf den Kopf stülpen. Aus einer (Hut-) Schachtel wird ein Schachtelhut.

Ausgangsformat ist ein Quadrat, dessen Kantenlänge 75 Prozent der gewünschten Kopfweite ausmachen soll (Beispiel: für die Kopfweite 54 cm braucht man ein 40,5 × 40,5 cm großes Quadrat).

Die Faltschritte:

1 In das Quadrat diagonal Talfalten und von einer Kantenmitte zur anderen eine Bergfalte knikken. Das Papier wieder öffnen.

2 Die Endpunkte der Mittelfalte zur Mitte der unteren Kante ziehen; den oberen Teil des Papiers darüber legen.

3 Auf der unteren Kante drei gleich breite Abschnitte anzeichnen; die äußeren Drittel nach rechts bzw. nach links falten und wieder öffnen.

4 Die linke Außenkante auf die eben entstandene Talfalte falten und wieder öffnen.

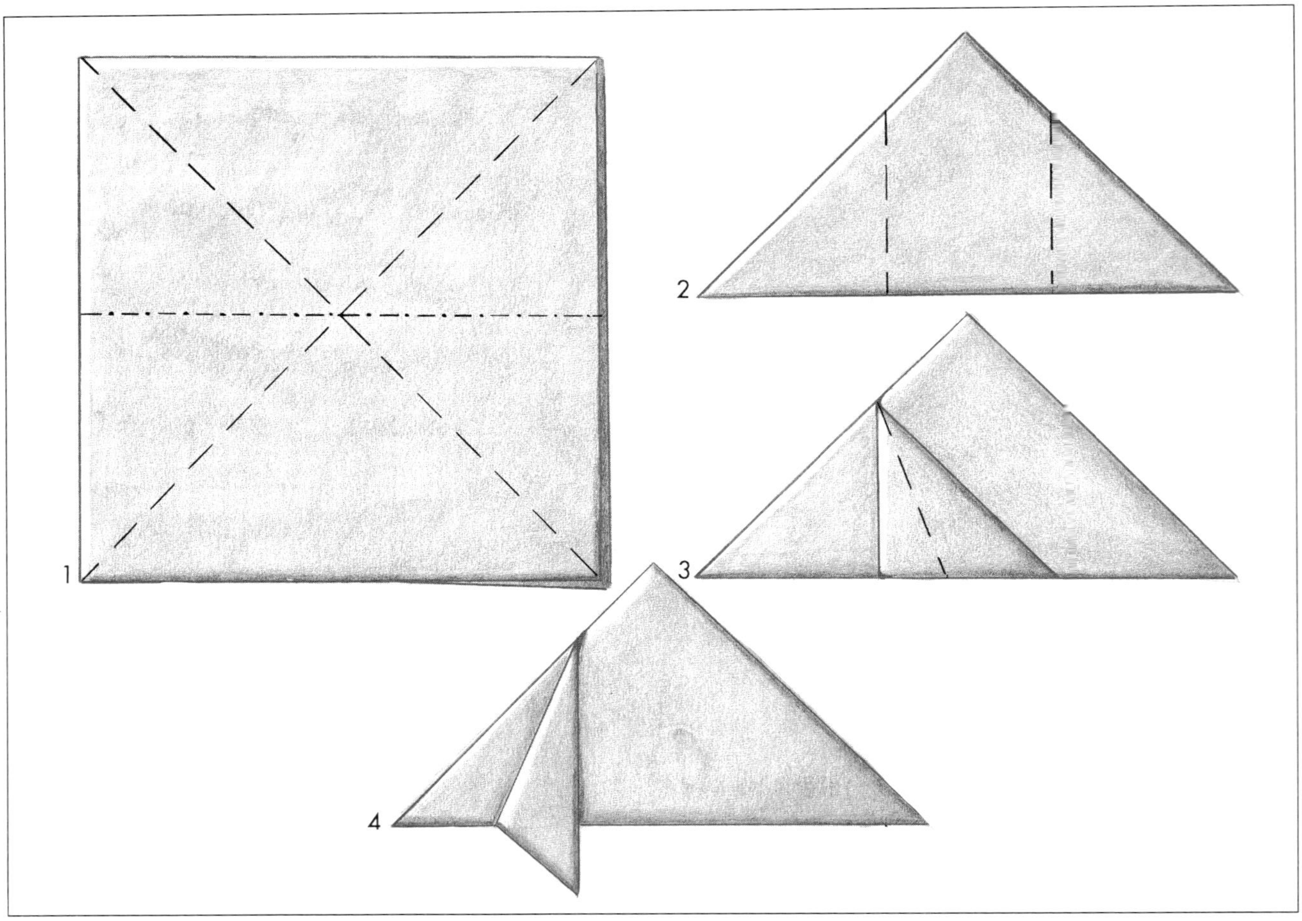

5 Über der Drittellinie das Papier nun symmetrisch falten.

6 Nacheinander den rechten Teil nach links klappen und den linken Teil nach rechts, damit die unteren Außenkanten an die Mittellinie gefaltet werden können.

7 Die Faltschritte 4 bis 6 auch auf der rechten Seite wiederholen.

8 Das Papier wenden und die Faltschritte 3 bis 7 auf der Rückseite wiederholen.

9 Die unteren Spitzen der Rauten nach innen falten, dort eventuell gleich mit einem kleinen Klebstreifen fixieren. Die Spitze der Faltform nach vorn und hinten falten und wieder aufrichten. Dann den Hut öffnen.

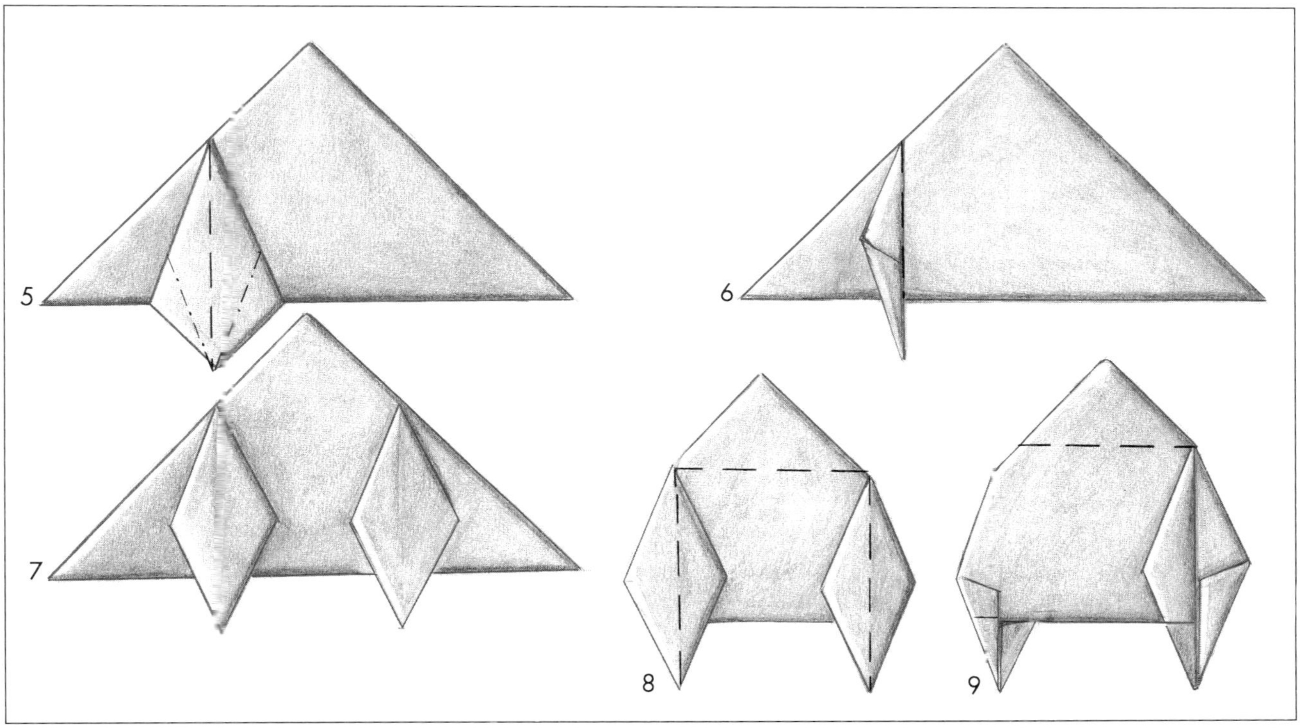

Der Hut von Schlapp

Wer kennt nicht das Spiel »Schlapp hat den Hut verloren«: Hier ist nun endlich der Hut von Schlapp gefunden worden... Man sieht es dem fertigen Hut an, daß er viel mitgemacht hat: Er sieht nämlich nach dem Hochschlagen der Krempe leicht zerknittert aus. Aber das macht ihn nur um so zünftiger.

Der Hut wird aus einem Quadrat gefaltet, dessen Kantenlänge 86 Prozent der gewünschten Kopfweite entspricht (Beispiel: für eine Kopfweite 54 cm wird ein 46,5 × 46,5 cm großes Quadrat benötigt). Für den ersten Versuch wird man Zeitungspapier nehmen; zünftig sieht der Hut aus, wenn er aus kräftigem Packpapier gefaltet wird.

Die Faltschritte:

1 Das Quadrat in der Mitte falten.

2 Rechte und linke obere Ecke nicht ganz an die Mittellinie falten (ein etwa 10 cm breiter Streifen bleibt frei).

3 Die senkrechten Kanten an die schrägen Seitenkanten falten und das Papier wieder öffnen.

4 Über den schrägen Seitenfalten das Papier symmetrisch auffalten; die äußeren Teile rechts und links nach hinten umschlagen.

5 Die unteren Ecken nach oben falten. Das Papier wenden und auch dort die Ecken hochfalten.

6 Den unteren Rand auf Vorder- und Rückseite nach oben schlagen. Den Hut öffnen und dabei die äußeren Ecken nach oben schlagen und die Krempe gleichmäßig ausformen.

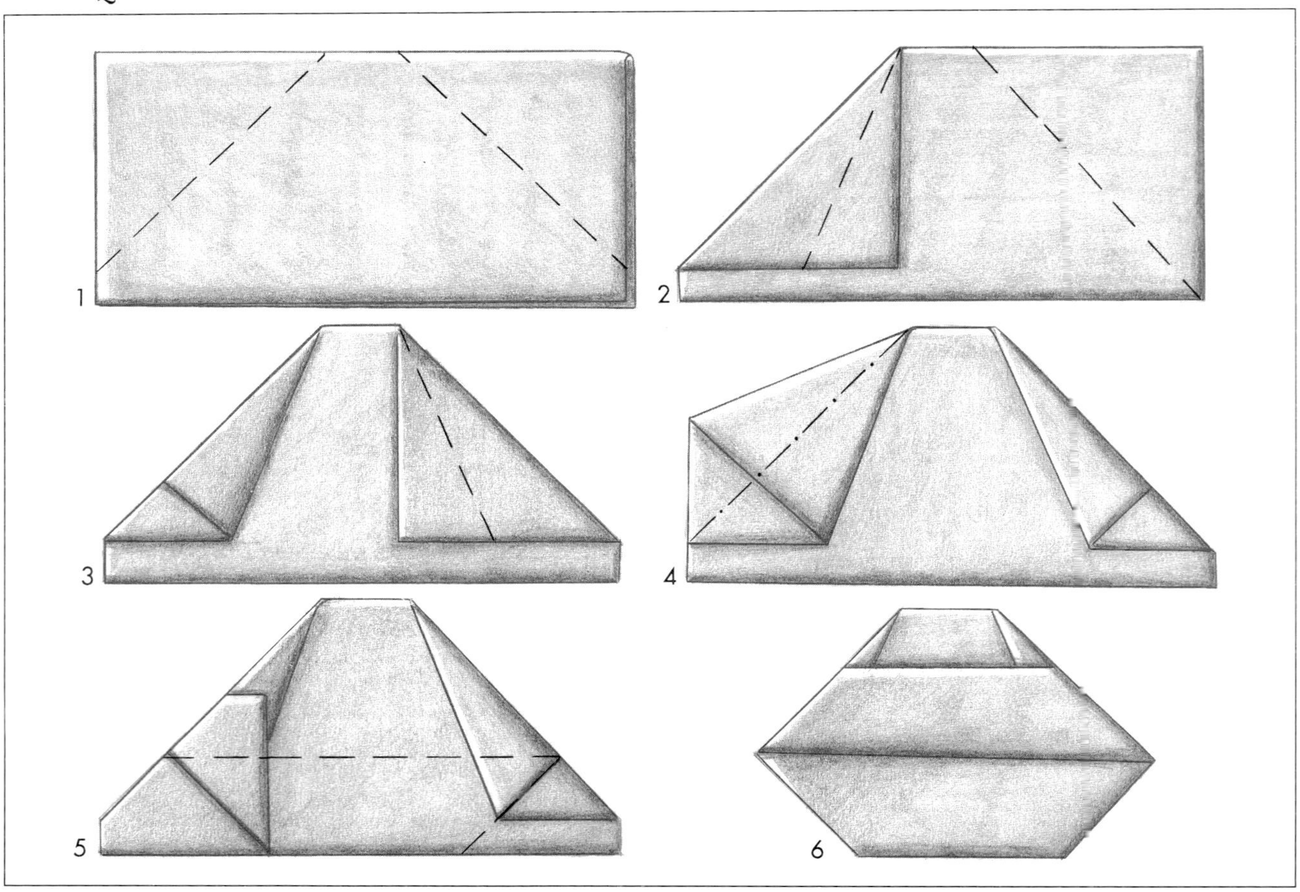

Die hohe Kappe

Ganz ohne Rechnerei und langwieriges Falten entsteht diese schlichte Kappe – deren Frontseite dafür viel Platz für schmückende Applikationen bietet.

Die Kappe wird aus einem Quadrat gefaltet, dessen Kantenlänge gleich der benötigten Kopfweite ist. Man kann die Kappe auch aus einem Rechteck falten: Dann bekommt sie eher die Form eines Schiffchens. Eine Kantenlänge des Rechtecks muß aber in jedem Fall der Kopfweite entsprechen – und parallel zu dieser Kantenlänge ist das Rechteck dann auch zu der Ausgangsform zu falten.

Die Faltschritte:

1 Das Quadrat in der Mitte falten.

2 Auf der oben liegenden Hälfte vom unteren Rand einen etwa 5 cm breiten Streifen nach oben falten.

3 Das Papier wenden. Die rechte und die linke Seitenkante an die Mittellinie falten.

4 Den unteren Rand nach oben schlagen.

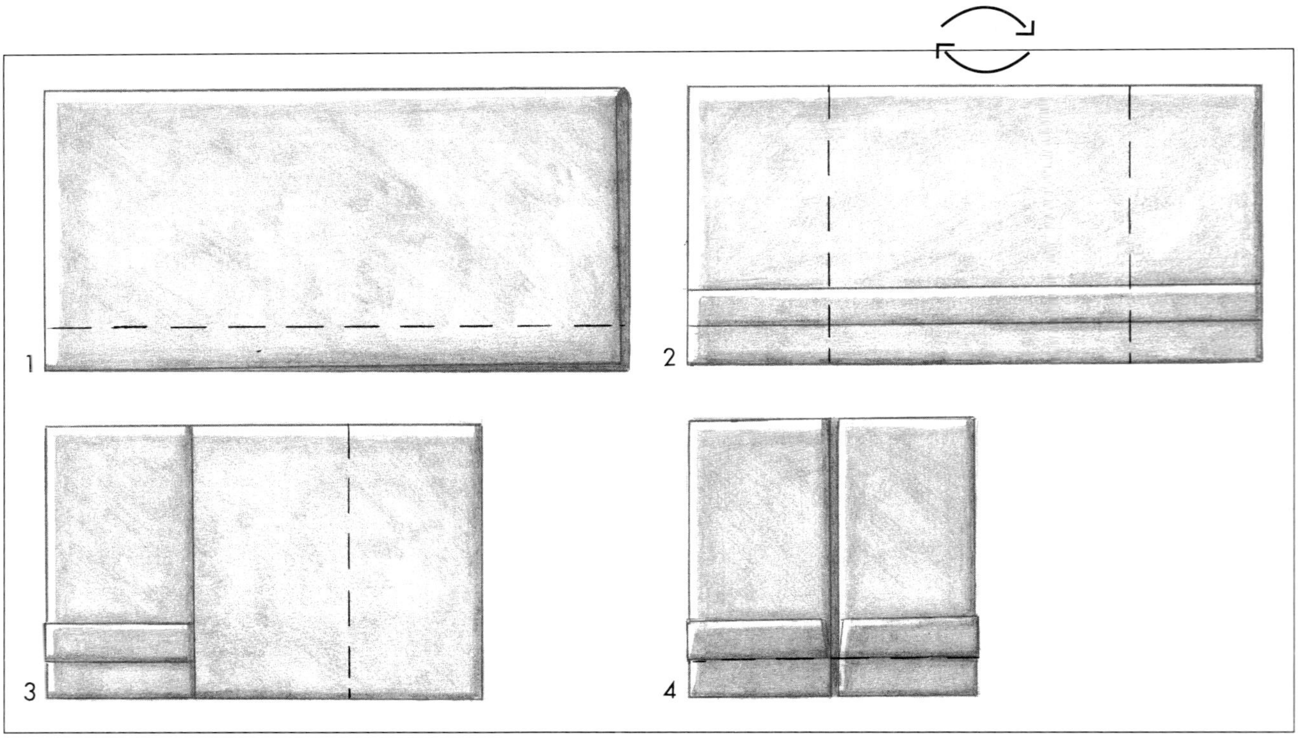

Eine Krone

Bei der Anfertigung dieser Krone ist es ganz wichtig, daß das Papier nach dem Einschneiden (wie es in Zeichnung 1 dargestellt ist) behutsam um die Längsachse »gefaltet« wird: Die durch die Einschnitte entstandenen Bögen sollen Bögen bleiben und nicht plattgedrückt werden.

Vor dem Falten streicht man deshalb eine Längskante gleichmäßig mit Klebstoff ein und legt die andere Längskante bündig darüber – dann kann eigentlich nichts mehr schiefgehen, wenn dann Anfang und Ende des Papierstreifens zusammengefügt werden.

Das benötigte Papierrechteck ist so lang wie die gewünschte Kopfweite plus 3 cm Überlappung für die Klebenaht; die Breite sollte mindestens 30 cm und höchstens 40 cm betragen. Goldpapier macht die Krone besonders stilecht; man kann aber auch rotes oder gelbes Ton- oder Glanzpapier nehmen und darauf dann goldfarbene oder farbig glänzende Applikationen setzen.

Das Papier wird in Abständen von 3 bis 4 cm auf jeweils 15 bis 18 cm Länge eingeschnitten; mit einem scharfen Bastelmesser an einem Lineal entlanggeführt, ist diese Arbeit am schnellsten und genauesten zu erledigen.

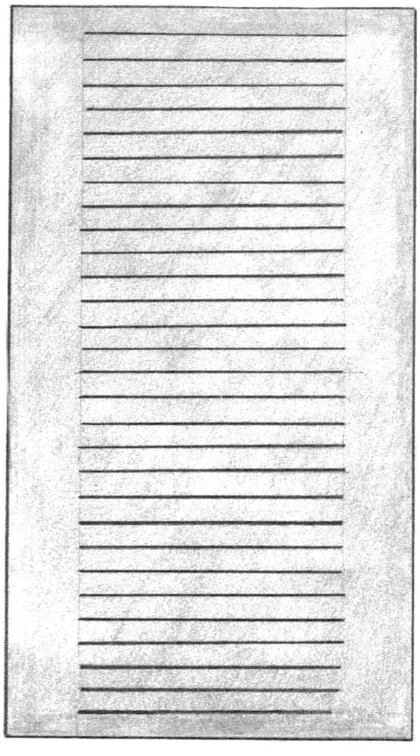

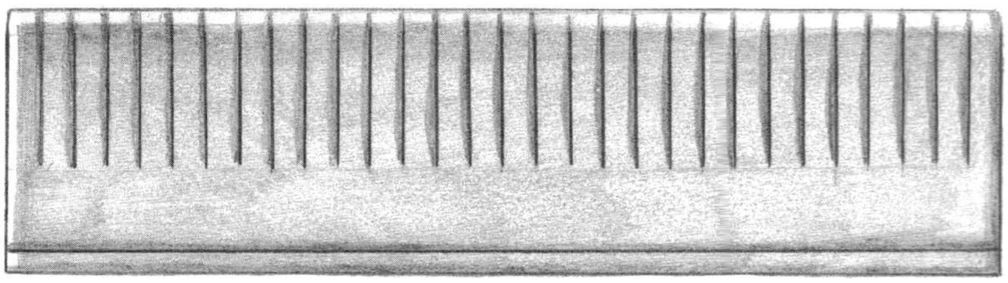

Die Origami-krone

Diese besonders attraktive Krone nach der Origami-Papierfalttechnik ist in verhältnismäßig wenigen Faltschritten fertigzustellen. Es kommt allerdings darauf an, daß die in Zeichnung 1 und 2 gezeigten Hilfsfalten sehr sorgfältig ausgeführt und die Faltlinien besonders scharf nachgezogen werden. Dann ergibt sich die Figur in Zeichnung 3 fast von selbst – und der schwierigste Teil der Arbeit ist geschafft.

Die Kantenlänge des Quadrats, aus dem die Krone zu falten ist, beträgt 86 Prozent der benötigten Kopfweite (Beispiel: Für die Kopfweite 54 cm muß das Papier 46,5×46,5 cm groß sein).

Die Faltschritte:

1 Das Quadrat diagonal falten und wieder öffnen. Dann wenden und von Kantenmitte zu Kantenmitte falten.

2 Das Papier wieder wenden. Eine Kante an die Diagonalfalte legen und von der Ecke bis an die Mittelbruchlinie die Talfalte scharf nachziehen.

Die Falte öffnen und die selbe Kante nun an die andere Diagonalfalte legen und wiederum die Faltlinie bis zur Mittelbruchlinie scharf nachziehen. Diese Prozedur mit den anderen drei Quadratkanten wiederholen.

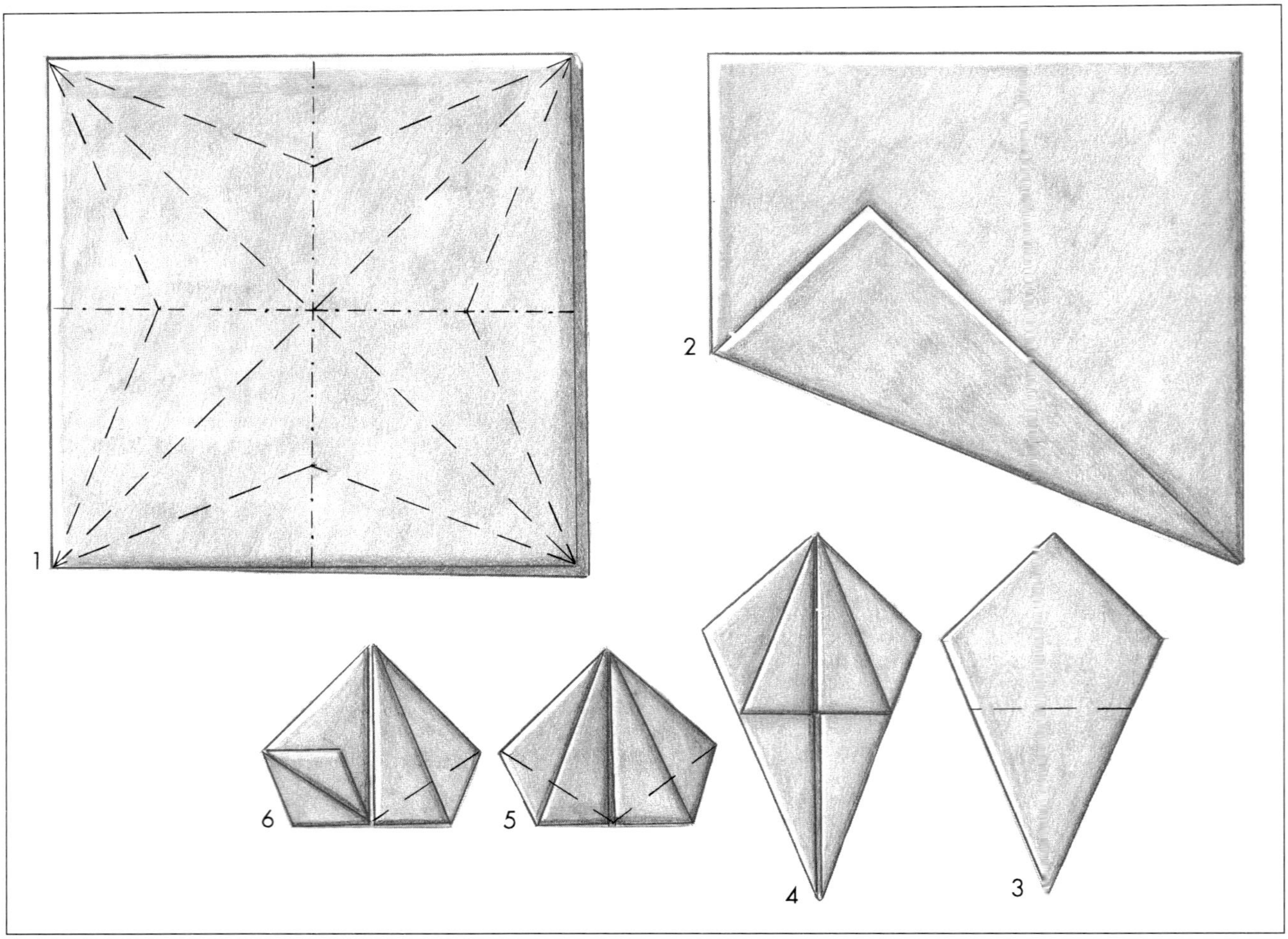

3 Das Papier über den Hilfskanten zu der hier gezeigten Form zusammenklappen.

4 Die untere Spitze zur oberen Spitze umschlagen, Faltlinie scharf nachziehen. Das gleiche auf der Rückseite wiederholen.

5 Die rechte Hälfte nach links klappen und wiederum die untere Spitze nach oben falten. Zurückklappen, die linke Hälfte nach rechts klappen und die letzte Spitze nach oben falten.

6 Auf allen Seiten die Dreiecke, wie hier zu sehen, nach oben falten. Dann die Krone vorsichtig öffnen, Spitzen und Dreiecke leicht nach außen kippen.

Der Zweispitz

Viele der Hutmodelle in diesem Buch haben drei Ecken bzw. Spitzen: Das hier vorgeschlagene Modell hat eindeutig nur zwei Spitzen, die mehr oder weniger deutlich aus der Frontpartie des Hutes herausragen. Für jede Hutgröße und jedes Ausgangsformat werden die Spitzen etwas anders ausfallen.

Der Zweispitz wird aus einem Quadrat gefaltet, dessen Kantenlänge etwa das 1,2fache der gewünschten Kopfweite beträgt (Beispiel: für die Kopfweite 54 sollte ein 65×65 cm großes Quadrat verwendet werden). Die Kantenlänge kann auch genau der Kopfweite entsprechen; dann entsteht aber ein ziemlich niedriger Hut mit kleinen, dicht beieinander stehenden Spitzen.

Die Faltschritte:

1 Das Quadrat diagonal falten. Den Mittelbruch leicht einfalten und rechts und links davon jeweils ein Viertel der gewünschten Kopfweite plus 1 cm anzeichnen.

2 Den oberen Teil nach unten falten: Die Markierungen an der Diagonalfalte müssen an den Seitenkanten anliegen.

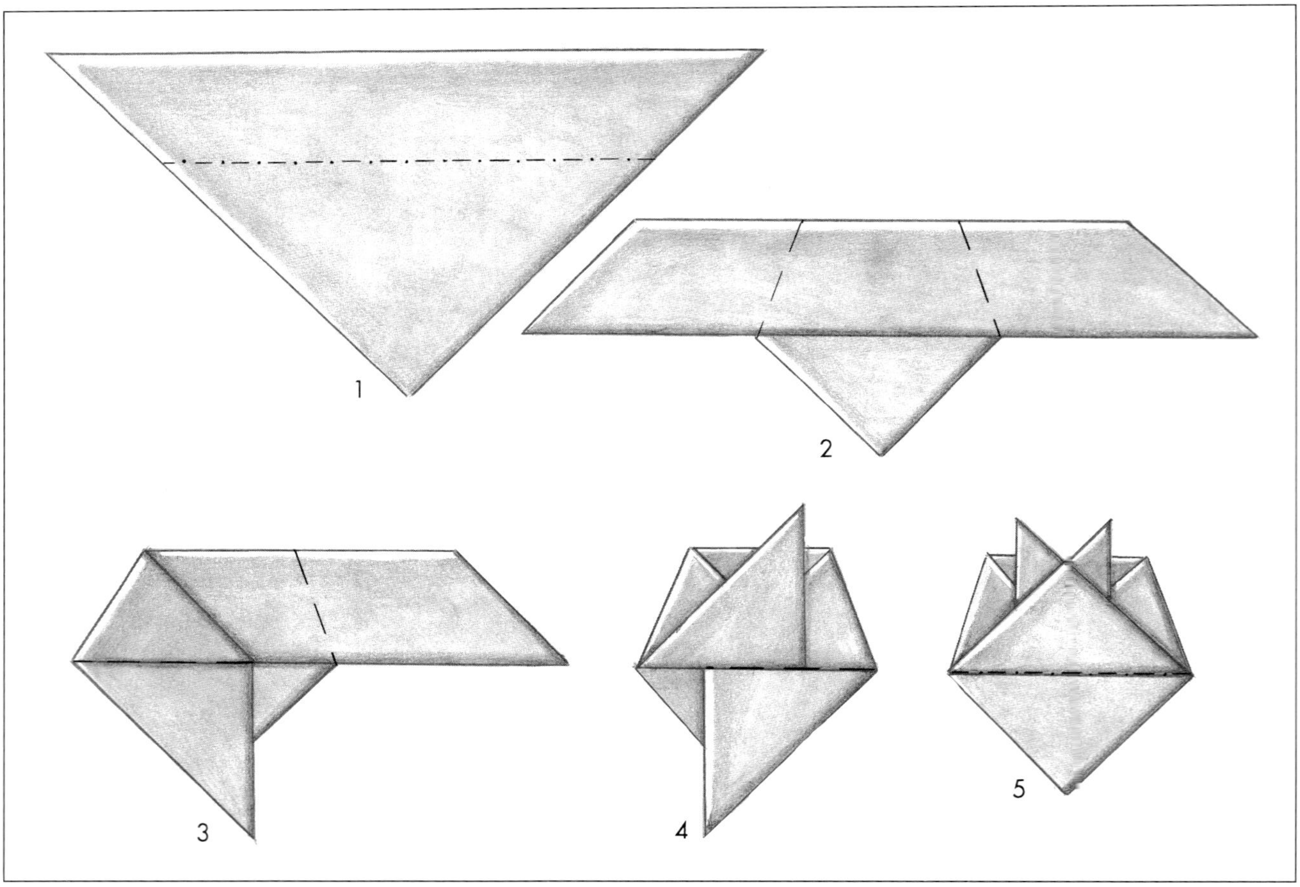

3 Linke und rechte Spitze nach unten falten. Die Außenkanten bzw. waagerechte Falten und Außenkanten müssen bündig aufeinander liegen.

4 Die Dreiecke nach oben falten.

5 Das obere der noch unten liegenden Dreiecke nach oben schlagen und mit einem Tupfer Klebstoff fixieren. Das Papier wenden und das untere Dreieck ebenfalls nach oben schlagen.

Freizeithut der alten Pharaonen

Könige und Kaiser tragen ihre Kronen nicht ständig und auch die Pharaonen von Ober-, Unter- und Gesamtägypten werden ihre Kronen zumal an heißen Tagen (und die sind in Ägypten die Regel) gern gegen eine leichtere Kopfbedeckung vertauscht haben, die ihnen einerseits nach wie vor Ansehen verlieh und Respekt verschaffte, andererseits Schutz vor der Sonne bot. Für alle Spätpharaonen hier ein Freizeithut, der ähnlich wie der auf Seite 134 gezeigte Sonnenschirm gefertigt wird.

Für die allereinfachste Ausführung genügt es, eine Zeitungsdoppelseite auf ein Viertel ihrer Höhe zusammenzufalten und die Enden dieses Streifens dann in der gezeigten Weise miteinander zu verbinden. Das heißt, man braucht ein wenigstens 80 cm langes und 50 cm breites Stück Papier, um diesen Pharaonenhut mit angemessenem Volumen ausstatten zu können.

Die Faltschritte:

1 Den Papierstreifen in der Mitte auf etwa halbe Breite falzen; ein Dreieck nach vorn und hinten falzen und wieder öffnen. Den Papierstreifen flach vor sich hinlegen.

2 Die Schmalseiten zusammenführen und in der gezeigten Weise mit etwas Klebstoff fixieren.

3 Die überstehenden Dreiecke abschneiden, eventuell auch die untere Spitze kappen.

Der fertige Pharaonenhut trägt auf der Stirn zunächst nur das nach hinten eingeknickte Dreieck als einzigen »Schmuck«. Man kann natürlich noch allerlei Verzierungen anbringen, so etwa auch einen kleinen, aus Papier gefertigten Schlangenkopf (mit einem Pfeifenreiniger als »Rückgrat«).

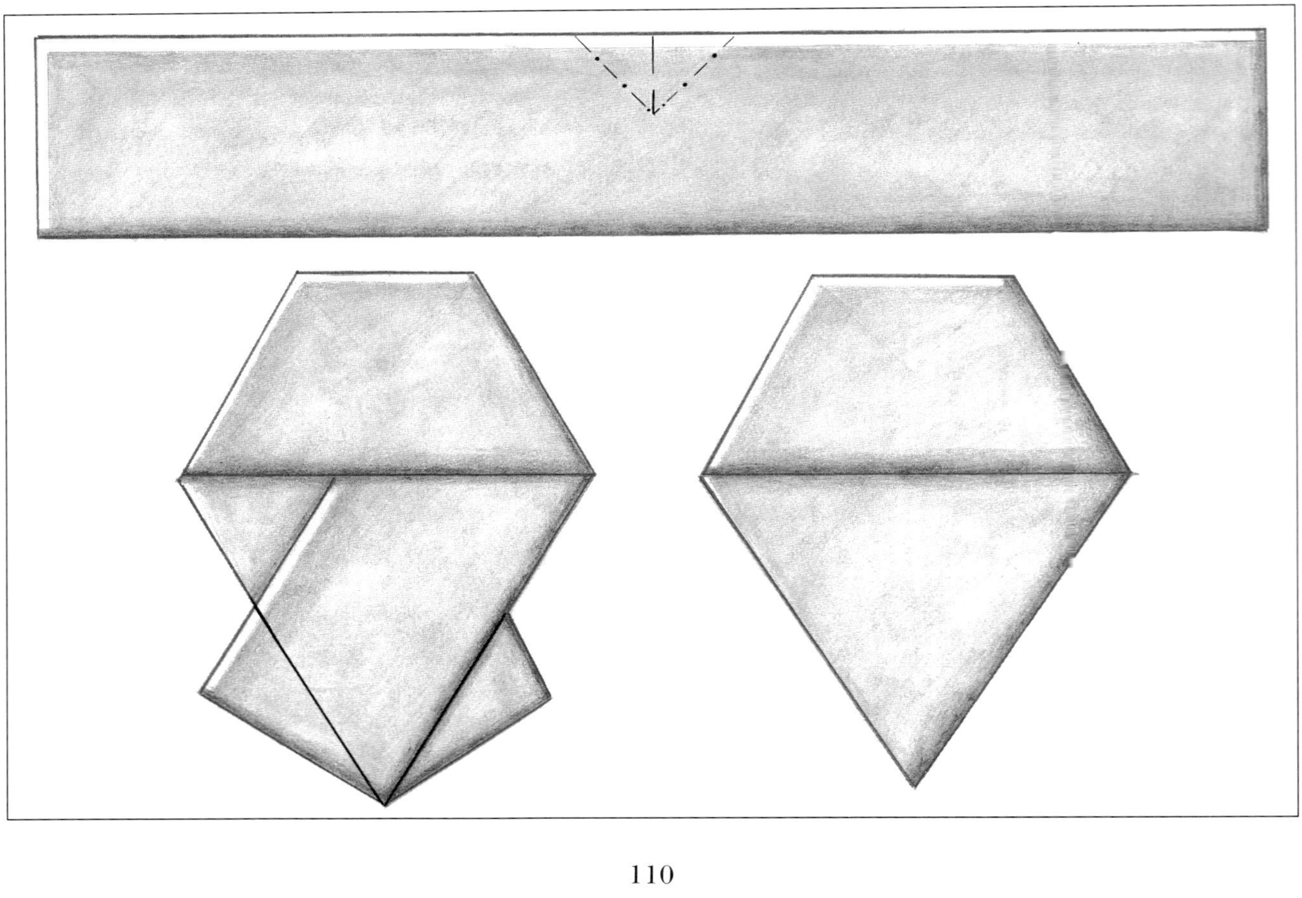

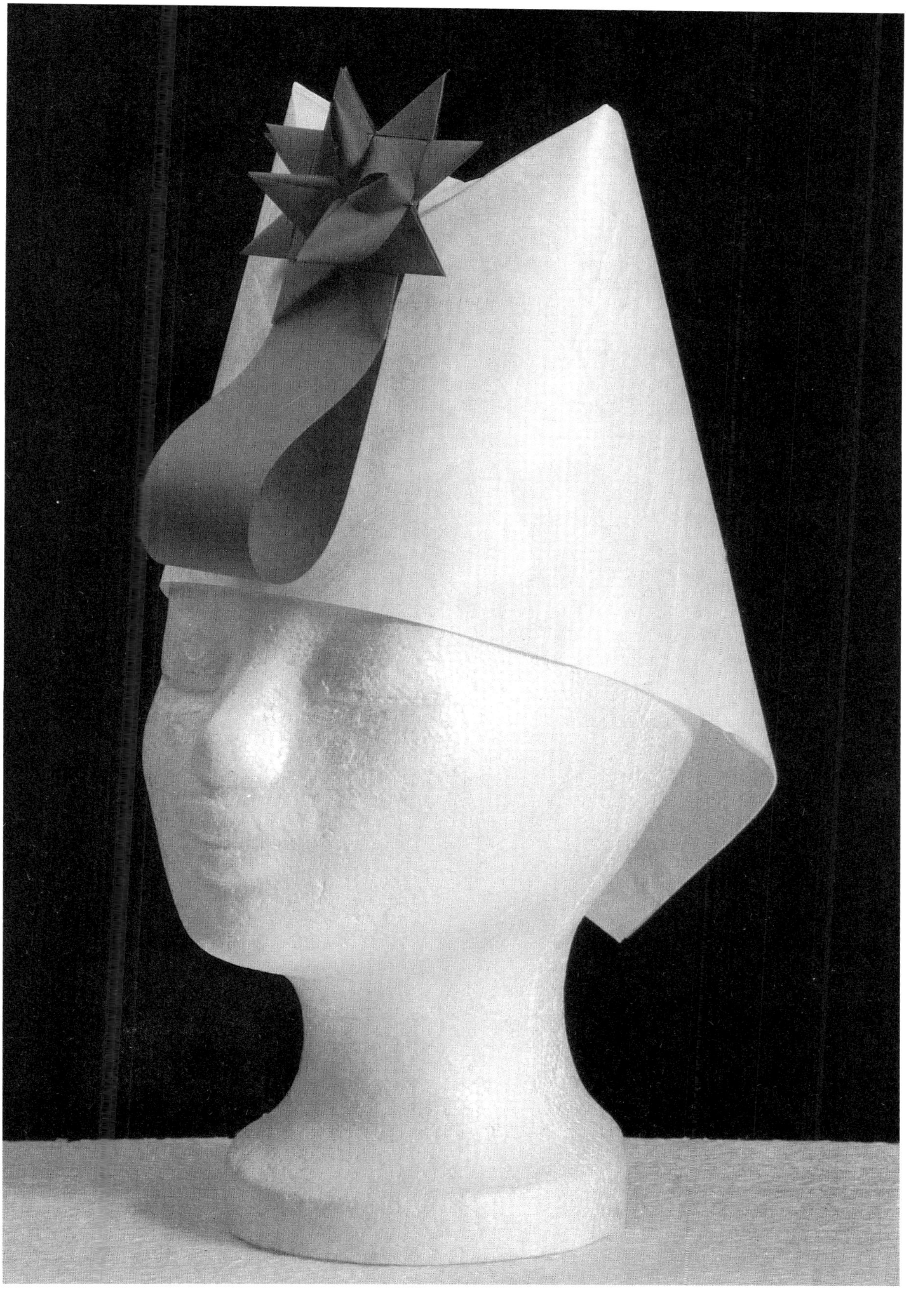

Die Kochmütze

Wenn Kinder kochen, sollte ihnen nicht nur eine Schürze umgebunden werden: Dann sollten sie eigentlich auch eine zünftige Kochmütze auf dem Kopf haben – ganz wie bei den richtigen Köchen möglichst hoch und imposant.

Die Kochmütze besteht aus zwei Teilen: zum einen aus dem steifen, wenigstens 15 cm hohen Schaft, zum andern aus dem bauschigen Deckel, der ähnlich wie eine Baskenmütze über den Schaft fällt.

Der Schaft ist ein Streifen Papier, so lang wie die Kopfweite plus 3 cm Klebenaht. Die genannten 15 Zentimeter sind ein Mindestmaß – man kann die Kochmütze für einen Chefkoch auch 25 oder 30 cm hoch machen.

Für den Deckel schneidet man einen Kreis aus, dessen Durchmesser etwa 20 cm größer als der Durchmesser des Schaftes ist. Er kann aus mehreren Lagen Papier bestehen, die mit einigen Klebstoffpunkten miteinander verbunden werden, bevor man sie ausschneidet. Dicht am Rand entlang zieht man in großen Stichen Stopfgarn durch das Papier. Man kann das Papier noch mal zwischen den Händen knüllen, ehe man es wieder ausbreitet – und dann mit Hilfe des Garns zu einer kugeligen Form zusammenzieht, bis der Deckel in den Schaft paßt und auf dessen Innenseite festgeklebt werden kann.

Noch wirklichkeitsnäher wird die Kochmütze, wenn man den Deckel in Falten legt: Zunächst auf einer Seite des Papiers Talfalten in Abständen von 4 bis 5 cm auf etwa 15 cm Länge vom Rand her knicken, dann das Papier wenden und etwa 1 cm neben den Falten (die sich jetzt als Bergfalten darstellen) wiederum Talfalten anlegen. Die Falten vom Rand her auf etwa 3 cm Länge zusammenkleben, ehe Deckel und Schaft miteinander verbunden werden.

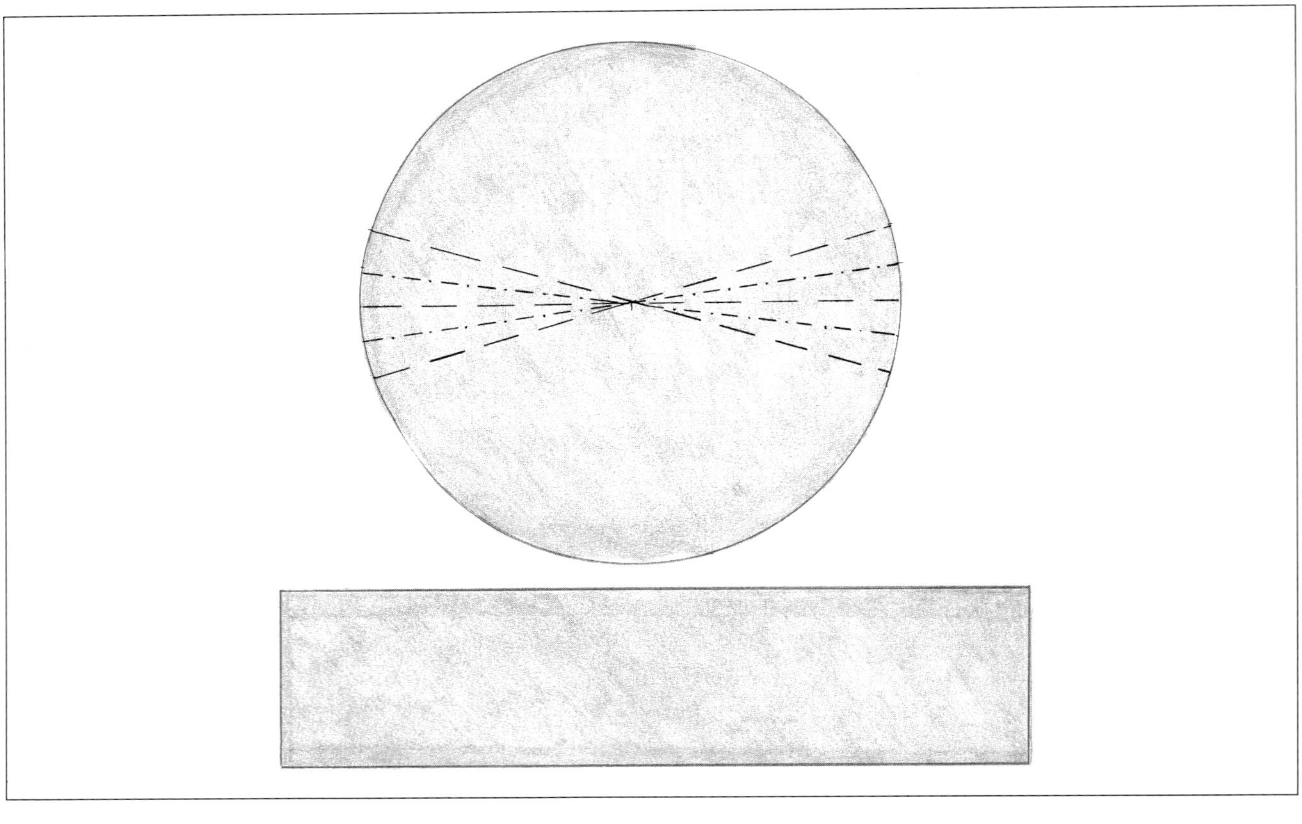

Der Oben-ohne-Hut

Bei diesem Modell ist das, was den Hut macht, weggelassen worden. Übriggeblieben ist eine Krempe, die zuweilen auch ganz nützlich sein kann. Denn Schutz vor grellem Sonnenlicht bietet den Augen ja nicht der Hut, sondern die Krempe. Und so ist man manchmal schon mit diesem Ring über den Augen ganz gut behütet.

Im einfachsten Fall ist die Krempe ein etwa 10 cm breiter Ring, den man aus einer, zwei oder mehr Lagen Zeitungspapier schneidet. Dazu faltet man das Papier zweimal zusammen; dann muß man von einer Ecke aus nur zwei Viertelkreise zeichnen und ausschneiden. Der innere Kreisumfang entspricht der Kopfweite; den Radius errechnet man einfach, indem man die Kopfweite durch 6 teilt (ganz genau: durch 6,28). Den äußeren Radius wählt man danach, wie breit die Krempe werden soll bzw. wie breit das vorhandene Papier ist.

Bastelt man die Krempe aus etwas steiferem Papier (zum Beispiel Tonpapier), dann empfiehlt es sich, einen etwas größeren Radius für den inneren Kreis zu wählen, die Krempe dann aufzuschneiden und mit Überlappung wieder zusammenzukleben. Bei diesem Verfahren entsteht kein ebener Ring, sondern ein leicht konischer Ring, eine nach außen abfallende Krempe also (dieses Verfahren kann man natürlich auch, wenn so gewünscht, bei Zeitungspapier anwenden).

Der Safarihut

Die Krempe auf einer Seite hochgezogen, auf der anderen herabhängend – das kennzeichnet den echten Safarihut und soll wohl die Abenteuerlust im Kopf unter dem Hut signalisieren. Wer eine ähnlich saloppe Kopfbedeckung aus Papier tragen will: Hier findet er das richtige Modell.

Unser Safarihut entsteht aus zwei kreisrunden Papierscheiben, mit einem Durchmesser von 25 bis 30 cm für einen Kinderkopf und um die 35 cm für einen Erwachsenenkopf. Es empfiehlt sich, nicht zu steifes Papier zu verwenden (wenn man nicht bei Zeitungspapier bleiben will), damit die Spitze leichter eingedrückt und der Hut in die richtige Form gebracht werden kann.

Die Scheiben werden in der Mitte leicht gefaltet. An der einen Scheibe kann dann schon mal die Krempe in Form eines etwa 10 cm breiten Kreissegments hochgeschlagen werden. Diese Scheibe wird auf die andere gelegt (auf der vorher in der einen Hälfte Klebstoff aufgetragen worden ist). Dann bestreicht man die Oberseite der gefalteten Scheibe mit Klebstoff und klappt die zweite Hälfte der anderen Scheibe darüber.

Der Hut wird geöffnet, und dann drückt man die Spitze so weit nach innen, bis der Hut die gewünschte Form hat.

Man kann natürlich auch beide Krempen nach oben schlagen und den Hut mit einer großen Feder ausstatten. Man kann die nach unten hängende Krempe auch als Sonnenschild über die Stirn ziehen oder den Hut so tragen, daß diese Krempe den Nacken vor Sonne, Wind und Mücken schützt.

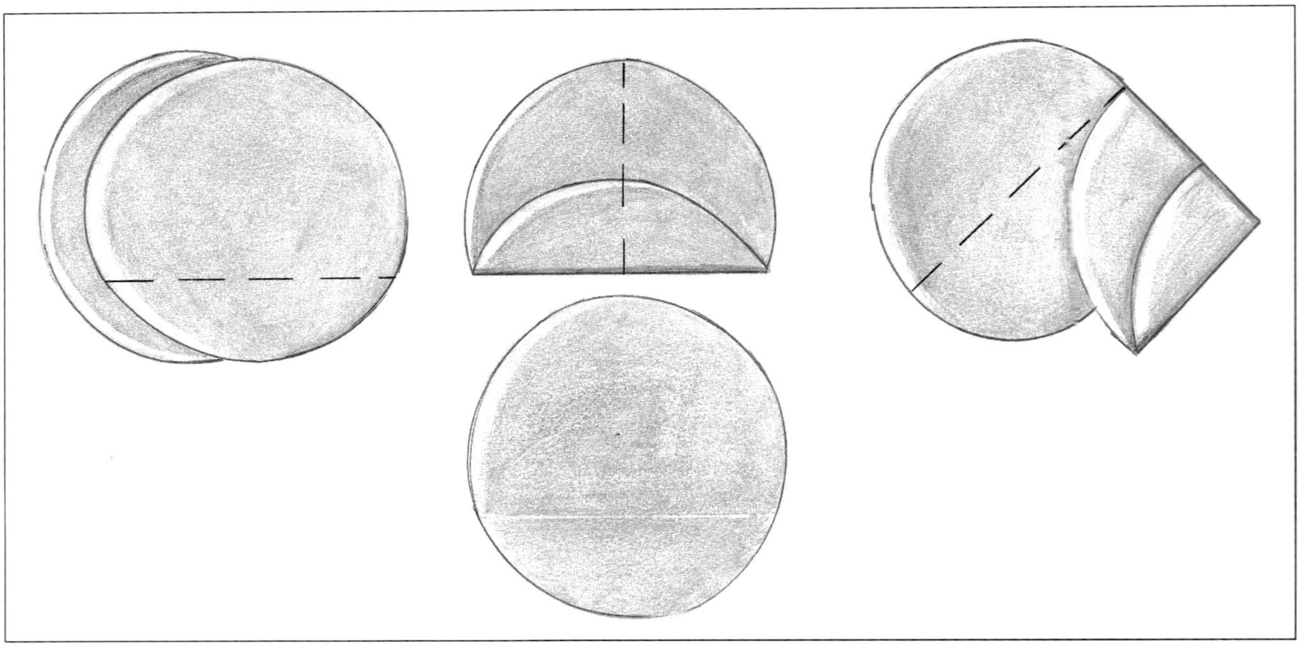

New Yorker Feuerwehrhelm

Wie lange die New Yorker Feuerwehr an ihren etwas altmodisch anmutenden Helmen noch festhält, ist nicht bekannt: Über den irgendwann fälligen Wechsel in der Ausrüstung hinaus hält das hier vorgestellte Modell eines Feuerwehrhelms die eigentümliche Form in Erinnerung.

Benötigt werden zwei Papierkreise mit einem Durchmesser zwischen 35 und 40 cm für einen Kinderkopf, ab etwa 45 cm für einen Erwachsenenkopf.

Die Faltschritte:

1 Nach dem Ausschneiden beide Kreise in der Mitte falten, aber nicht knicken: Nur die Schnittpunkte der Falte mit dem Kreisumfang leicht falzen. Dann diese beiden Knicke aufeinander legen und wiederum zwei leichte Falze in den Kreisumfang drücken.

2 Bei den beiden Scheiben zwei benachbarte Kreissegmente zwischen den Falzmarkierungen umfalten. Wenn der Helm aus einseitig farbigem Papier gefaltet wird, legt eine Scheibe mit der Farbseite nach oben, die andere mit der Farbseite nach unten.

3 Beide Scheiben mit den weißen Seiten nach oben aufeinander legen und an den umgefalteten Segmenten miteinander verkleben.

4 Zum Schluß die untere Hälfte des oben liegenden Kreises nach oben umfalten.

Der Helm kann für das zünftige Spiel noch vervollständigt werden, zum Beispiel mit einem Wappen oder einem Stern auf der Frontplatte (die Anleitung für den Stern ist auf Seite mm zu finden); ein schmaler, mehrfach gefalteter und dadurch etwas stabilerer Papierstreifen kann als Halteriemen an den Nahtstellen zwischen Vorder- und Nackenteil befestigt werden.

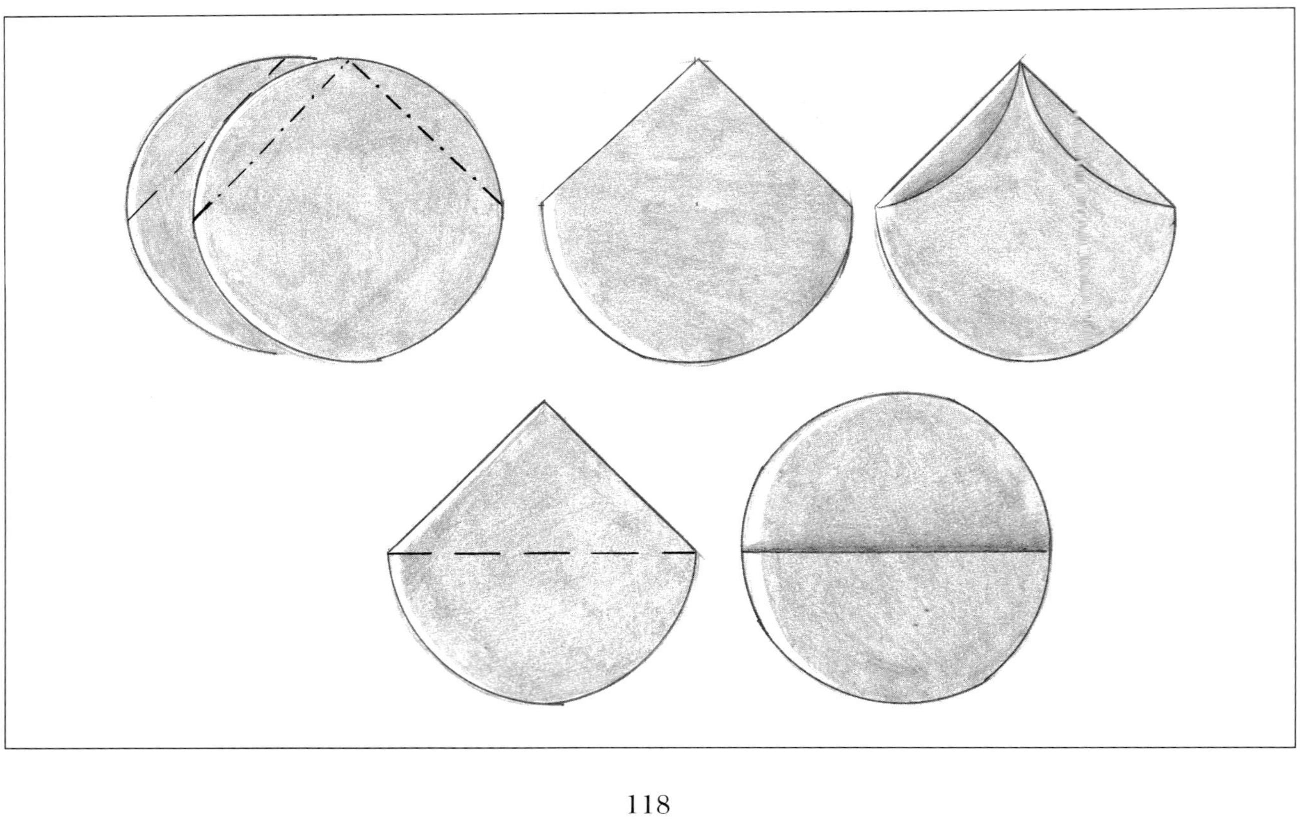

Der Garde-hut

Ende des 18. Jahrhunderts trugen französische Soldaten einen auffälligen Hut, der von vorn gesehen den Umriß eines Halbkreises hatte und zu beiden Seiten des Kopfes weit überstand.

Das hier abgebildete Modell kopiert diesen Gardehut ziemlich genau (wenn auch nicht im Material: Das Original bestand aus Filz, unser Beispiel aus schwarzem Glanzpapier). Der Hut ist eine weitere Variante der Idee, zwei kreisförmige Papiere zu einer Hutform zusammenzufügen (andere Beispiele sind der Safarihut auf Seite 116 und der New Yorker Feuerwehrhelm auf Seite 118).

Für einen Kinderkopf werden zwei Papierkreise mit einem Durchmesser von je 45 bis 50 cm benötigt.

Nach dem Ausschneiden werden beide Papierscheiben in der Mitte gefaltet, wieder geöffnet und dann markiert man in der einen Hälfte ganz leicht die Mitte des Halbkreises: Zwischen diesem leichten Knick im Papier und der Mittelfalte faltet man – wie beim New Yorker Feuerwehrhelm – das Papier um. Das werden die Klebefalze, an denen die beiden Papiere miteinander verbunden werden.

Zur Fertigstellung wird bei einseitig gefärbtem Papier die Mittelfalte als Talfalte auf der weißen Seite angelegt, die Klebefalze werden als Talfalten auf der farbigen Seite angelegt. So wird beim fertigen Hut die Farbseite außen und im Innern des Hutes liegen; zwischen den beiden Halbkreisen wird ein weißes Dreieck als die Außenseite des Hutdeckels sichtbar.

Von der Basiskante des Hutes aus werden die ersten 10 cm der Halbkreise ebenfalls miteinander verklebt.

Auf die Frontseite des Hutes kann man eine schöne Rosette kleben, man kann in der Mitte oder leicht seitlich versetzt eine aufrecht stehende Feder anbringen – oder aber zwischen den beiden Halbkreisen einen großen Federbuschen befestigen.

Das Rotkäppchen

Jeder Zeichner und Maler, der das Märchen vom Rotkäppchen illustriert, wird dem Mädchen eine andere Form von Rotkäppchen aufsetzen, denn es ist ja nicht belegt, welche Art von Haube oder Mütze das Mädchen getragen hat. Also nehmen wir uns das Recht, das hier abgebildete Modell als Rotkäppchen zu bezeichnen.

Die Haube wird aus einem quadratischen Blatt Papier gefaltet, dessen Kantenlänge gleich der gewünschten Hutweite sein soll (aber auch länger sein darf). Wenn das Rotkäppchen aus einseitig gefärbtem oder bedrucktem Papier gefaltet wird, liegt zu Beginn die farbige Seite oben.

Die Faltschritte:

1 Das Papier in den Diagonalen falten und wieder öffnen. Dann wenden und nun von Kantenmitte zu Kantenmitte falten. Öffnen und wieder wenden.

2 Zwei gegenüberliegende Ecken auf eine dazwischen liegende Ecke falten und die vierte Ecke nachziehen. Alle Faltlinien scharf nachziehen.

3 Das Papier mit den offenen Seiten nach unten vor sich legen. Die beiden seitlichen Ecken zur Mittellinie falten. Das Papier wenden und auf der Rückseite ebenso verfahren.

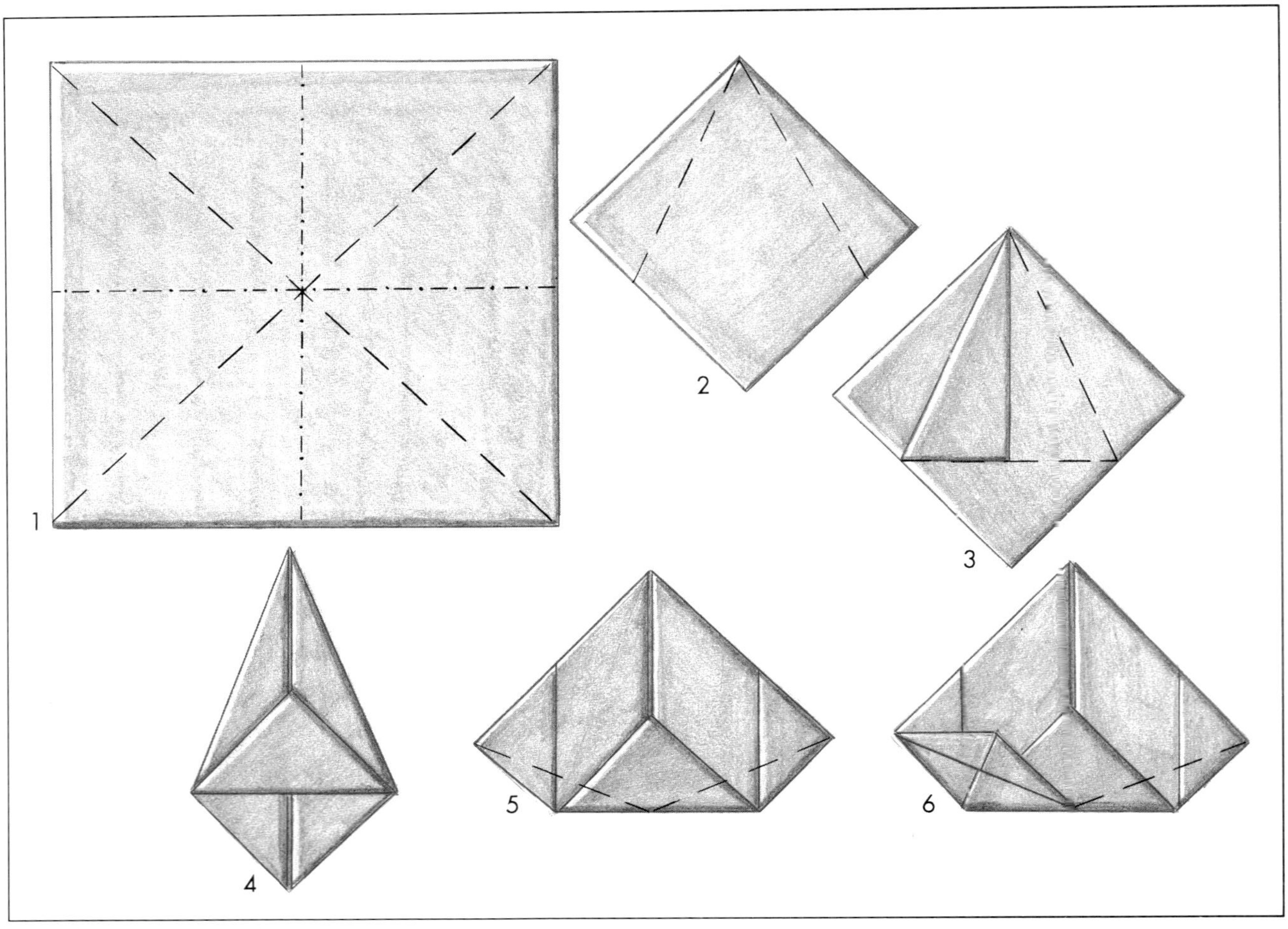

4 Die Dreieckflächen auf Vorder- und Rückseite nach oben schlagen. Dann die oben liegende rechte Hälfte nach links umschlagen – untere Dreieckfläche nach oben falten. Und so auch die vierte Dreieckfläche nach oben falten.

5 Die rechts und links nach innen eingeschlagenen Teile vorsichtig nach außen ziehen. Alle Faltlinien noch einmal scharf nachziehen.

6 Die schmalen Dreieckflächen unterhalb der Verbindungslinien zwischen Mittellinie und den äußeren Ecken nach oben umschlagen.

Der Hut mit den großen Lauschern

Er wird das Hörvermögen zwar nicht gerade verbessern, aber die großen Lauscher erwecken zumindest den Eindruck, als würde dieser Hut seinen Träger besonders hellhörig machen. Wenn zum Ensemble eines Spiels ein Meisterdetektiv gehört, dann wäre dieses Modell die angemessene Kopfbedeckung für dessen Darsteller.

Der Hut wird aus einem Quadrat gefaltet, dessen Kantenlänge für einen Kinderkopf zwischen 55 und 60 cm liegen sollte.

Die Faltschritte:

1 Das Quadrat in der Mitte falten, das entstandene Rechteck ebenfalls in der Mitte falten und wieder öffnen.

2 Die rechte obere Ecke an die Mitte der unteren Kante falten und wieder öffnen.

3 Die rechte Hälfte über der Mittellinie symmetrisch falten.

4 Die rechte Hälfte des Dreiecks nach hinten falten.

5 Die untere Hälfte der rechten Dreieckfläche nach oben falten, die rechte Schrägkante dann zur Mittellinie zurückfalten und wieder öffnen.

6 Den unteren Teil der obersten Papierlage an die im Faltschritt 5 entstandene Talfalte heranfalten.

7 Den Rest des unteren Teils um die Mittellinie nach oben falten; die im Faltschritt 5 geöffnete Fläche wieder darüberklappen. Das Papier wenden und auf der Rückseite die Faltschritte 5 bis 7 spiegelbildlich verkehrt ebenfalls ausführen.

8 Die Form öffnen und die rechte Ecke auf die linke falten. Das Papier so hinlegen, daß die beiden nach außen weisenden Dreiecke sich auf der Unterseite befinden. Einen Teil der unteren Hälfte als Krempe nach oben falten.

9 Das Papier wenden und die Lauscher formen.

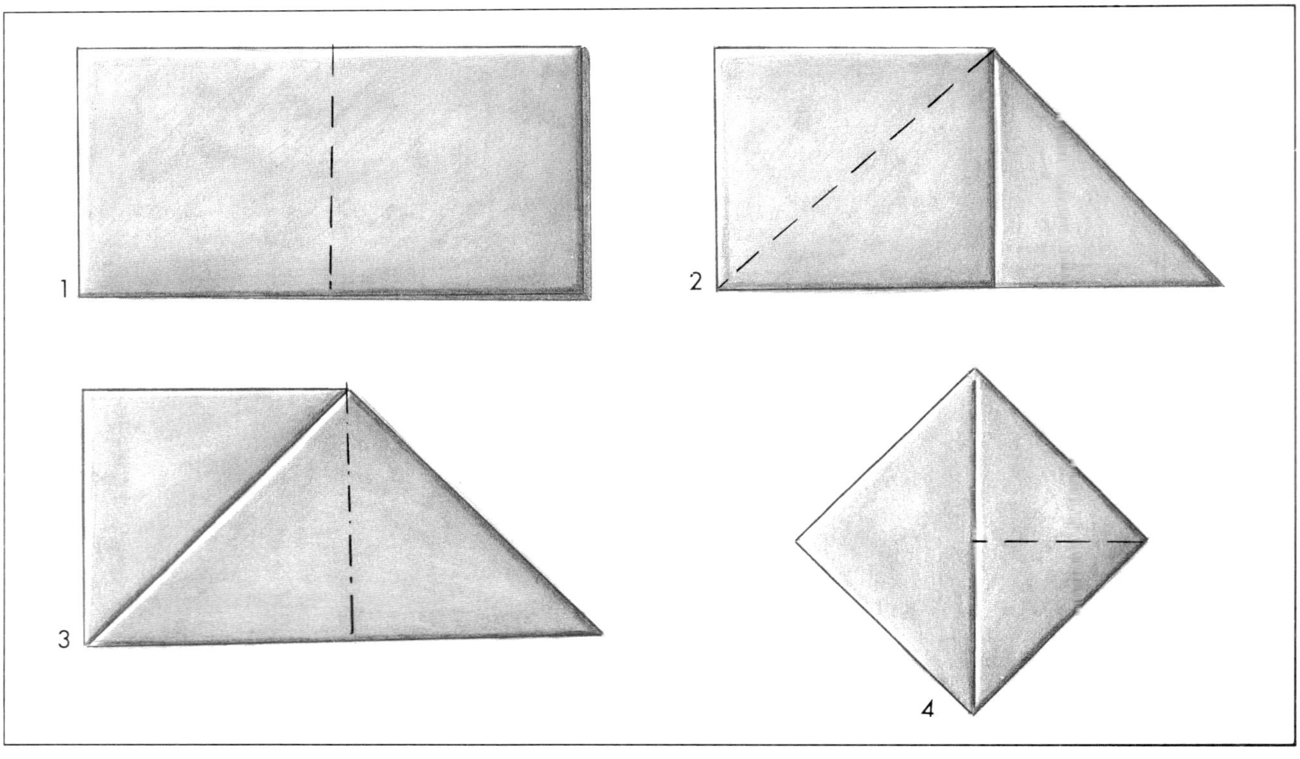

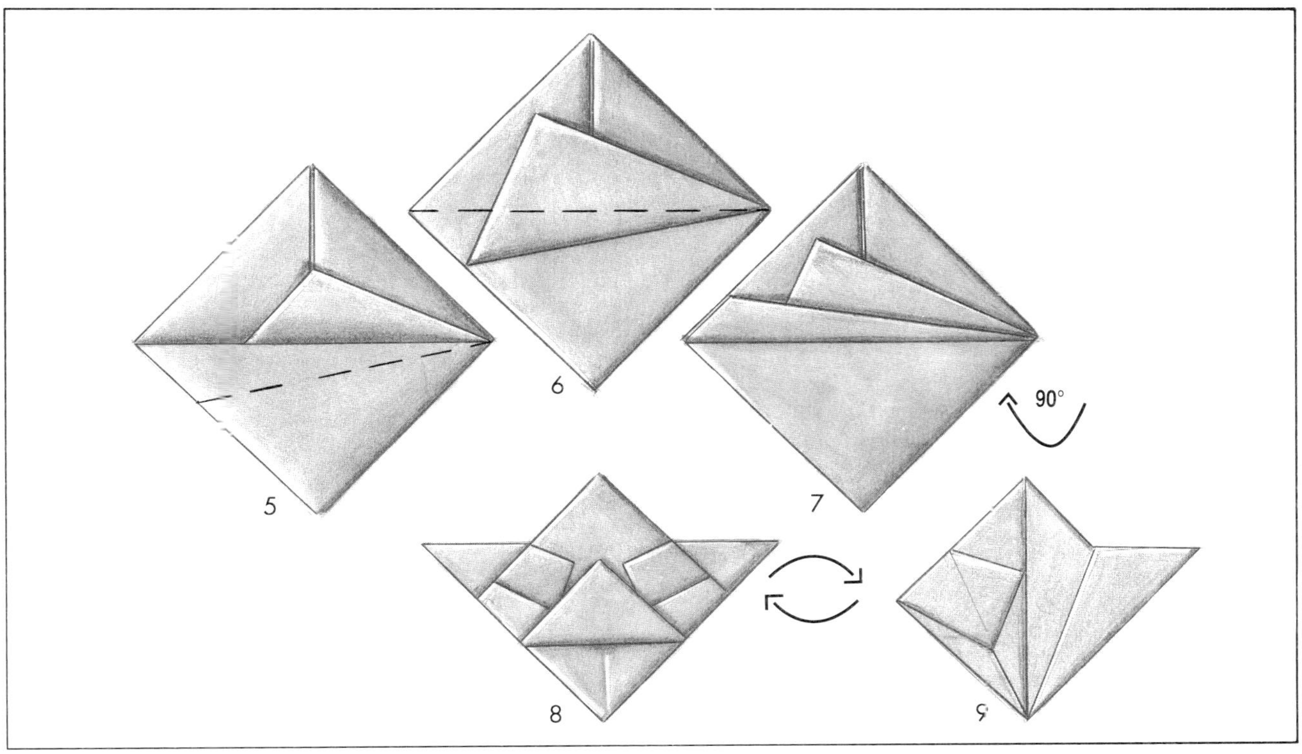
5
6
7
90°
8
9

Der Perückenhut

Ein Mittelding zwischen Haube und Perücke ist dieses Modell, das um so mehr als Perücke angesehen werden kann, je mehr Papierlagen zu einer Haube zusammengeklebt werden: je mehr Papier, desto mehr Locken können gedreht werden.

Das Ausgangsformat ist ein Quadrat mit einer Kantenlänge von etwa 40 cm. Es ist nicht übertrieben, wenigstens drei, besser gleich fünf Papiere zuzuschneiden. An einer Kante des Quadrats schneidet man einen bis zur Kantenmitte reichenden 3 cm breiten Streifen ab übrig bleibt der Klebefalz, mit dem zunächst die einzelnen Papierlagen untereinander verbunden werden und dann die Haube geschlossen wird.

Dann wird der untere Teil der Haube alle 2 cm eingeschnitten. Dazu legt man die Haube am besten auf eine dicke Unterlage aus Zeitungspapier oder ein Stück Pappe und schneidet das Papier mit einem Bastelmesser, das an einem Lineal entlanggeführt wird.

Nun beginnt der langwierigste Abschnitt: Jetzt sind die Locken einzudrehen. Man rollt die Papierstreifen auf und fixiert sie dann mit einem Klecks Klebstoff. Die Streifen der obersten Papierlage werden weiter aufgerollt als die der unteren Lagen: Das ergibt dann eine schön abgestufte Lockenpracht.

Die Faltenhaube

Wer deutlich zeigen will, daß er lieber vielfältig als einfältig ist, der mag sein Haupt mit dieser faltenreichen Haube bedecken.

Für das erste Versuchsmodell nimmt man einfach eine Zeitungsdoppelseite und legt das Papier in gleichmäßige, nicht zu breite Falten.

Nachdem das Papier so zu einem dünnen Paket Ziehharmonikafalten zusammengelegt ist, wird es in der Mitte gefaltet. Mit Klebstoff oder Heftklammern werden die innen liegenden ersten Falten miteinander verbunden.

Dann öffnet man das Papier bzw. zieht die äußeren Falten ab und verbindet sie ebenfalls mit Klebstoff oder Heftklammern miteinander.

Der Hut ist fertig. Soll er in einem Spiel als Kopfbedeckung dienen, empfiehlt es sich, innen noch einen Hutgummi anzubringen – ohne den die Haube doch recht locker auf dem Kopf sitzt.

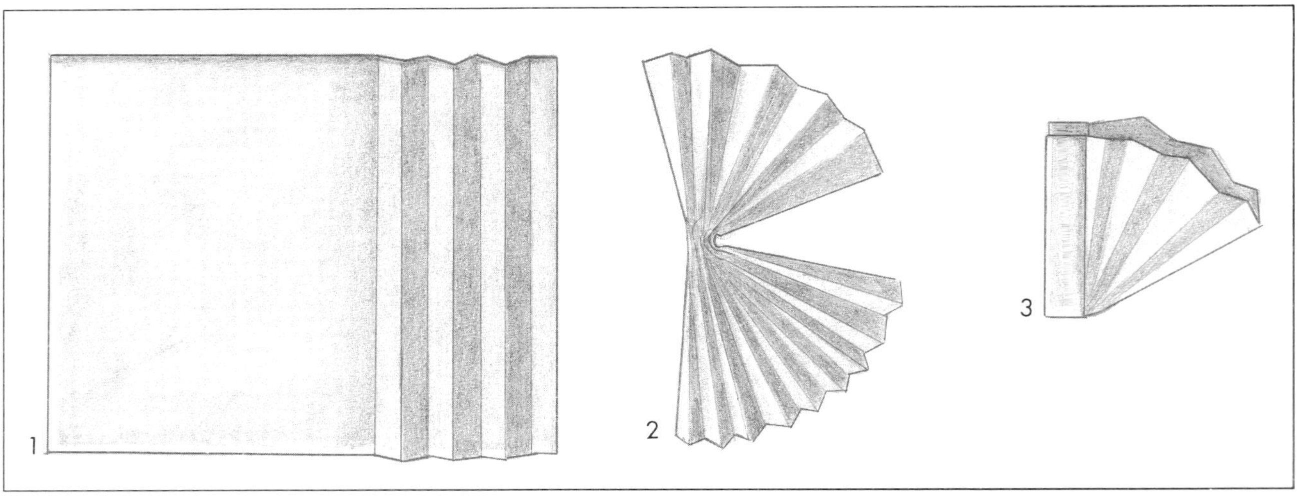

Panatta
fortunato
contro la Germania
IL CASO /

Noch eine Faltenhaube

Aus einer Zeit, da Leinenhauben noch gestärkt wurden und entsprechend steif auf dem Kopf saßen, scheint dieses Modell zu stammen, so akkurat umziehen die Falten die Haube. Für ein Theaterspiel, in dem eine strenge Gouvernante mitspielt oder das in der viktorianischen Epoche angesiedelt ist, ist diese Kopfbedeckung also das passende Requisit.

Die Haube wird aus einem rechteckigen Papierbogen gefaltet, der die Größe einer Zeitungsdoppelseite haben, also etwa 55×80 cm groß sein sollte. Wenn sich nachher herausstellen sollte, daß die Haube für den Kopf, der sie tragen soll, etwas zu groß ausgefallen ist, kann sie vor Fertigstellung noch auf das nötige Maß geschnitten werden.

Die Arbeitsschritte:

1 Von einer Schmalseite her die Abstände von 3 und 1 cm für die Falten jeweils zehnmal anzeichnen. Die Falten mit einem Falzbein oder dem Rücken einer Schere bzw. eines Messers vorfalzen – dann kann das Papier über die ganze Breite genauer gefaltet werden.

2 Die fertigen Falten mit Klebstoffklecksen oder mit Klebefilmstreifen fixieren. Dann die ungefaltete andere Hälfte des Papiers darüber schlagen. An den Schmalseiten beide Papierlagen zusammenkleben.

3 Die Ecken des Mittelbruchs zusammenbringen und so die Haubenform zunächst provisorisch halten. Jetzt kann ausprobiert werden, ob die Haube paßt oder ob sie eventuell zu groß ist: eine zu große Haube an den Seiten und am unteren Rand beschneiden. Paßt die Haube, die beiden Hälften des Mittelbruchs mit etwa einem Zentimeter Überlappung zusammenkleben. An den Seiten noch Papierbänder zum Festbinden der Haube ankleben.

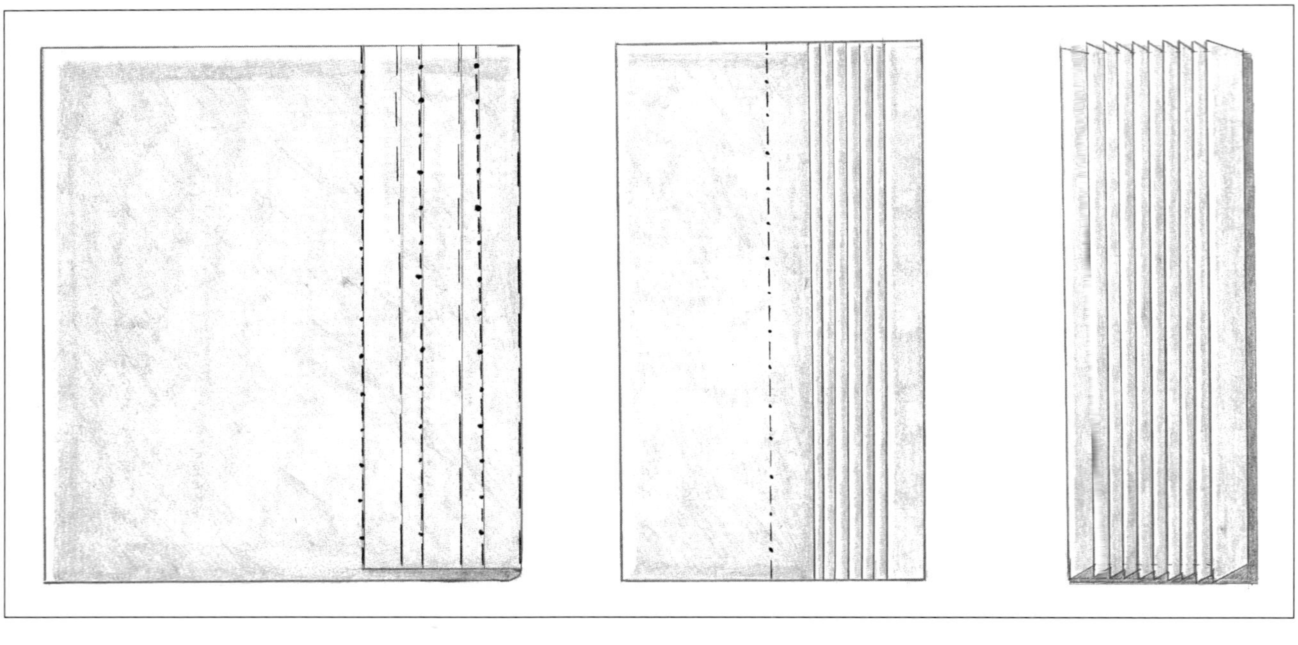

Nikolaus-zipfelmütze

Wer diese Zipfelmütze genau betrachtet, wird erkennen, daß sie sozusagen die stark verkleinerte Wiedergabe eines Nikolausmantels ist, mit einem breiten (Pelz-)Besatz am unteren Saum und einem großzügig bemessenen (Pelz-)Kragen. Den weißen Pelz stellt hier die weiße Rückseite eines roten Papiers dar – oder aber eine Lage weißes Kreppapier, das auf ein rotes Ton- oder Geschenkpapier mit kleinen Klebstofftupfern geklebt worden ist. Dieses weiße Futter kann man so zuschneiden und aufkleben, daß es zunächst ringsum 2 bis 3 cm über das farbige Papier hinausragt; nach Fertigstellung der Zipfelmütze werden diese Randstreifen umgeschlagen, ohne scharfe Falten allerdings, damit das weiße Papier weicher, »pelzähnlicher« wird.

Die Zipfelmütze wird aus einem Quadrat gefaltet, dessen Kantenlänge etwa 90 Prozent der gewünschten Kopfweite beträgt (Beispiel: Für einen Kopf mit 54 cm Umfang wird ein 48,6×48,6 cm großes Quadrat benötigt – wobei es nicht auf den Millimeter ankommt). Will man das farbige Papier mit einem weißen Futter belegen, sollten die Klebstoffpunkte und -striche bis höchstens 8 cm an den Rand heranreichen.

Die Faltschritte:

1 Papier mit der weißen Seite nach unten auf den Tisch legen. Die untere Spitze an den Mittelpunkt des Quadrats falten.

2 Den restlichen unteren Teil bis an die Mittellinien falten.

3 Die Spitze 10 bis 12 cm nach unten falten.

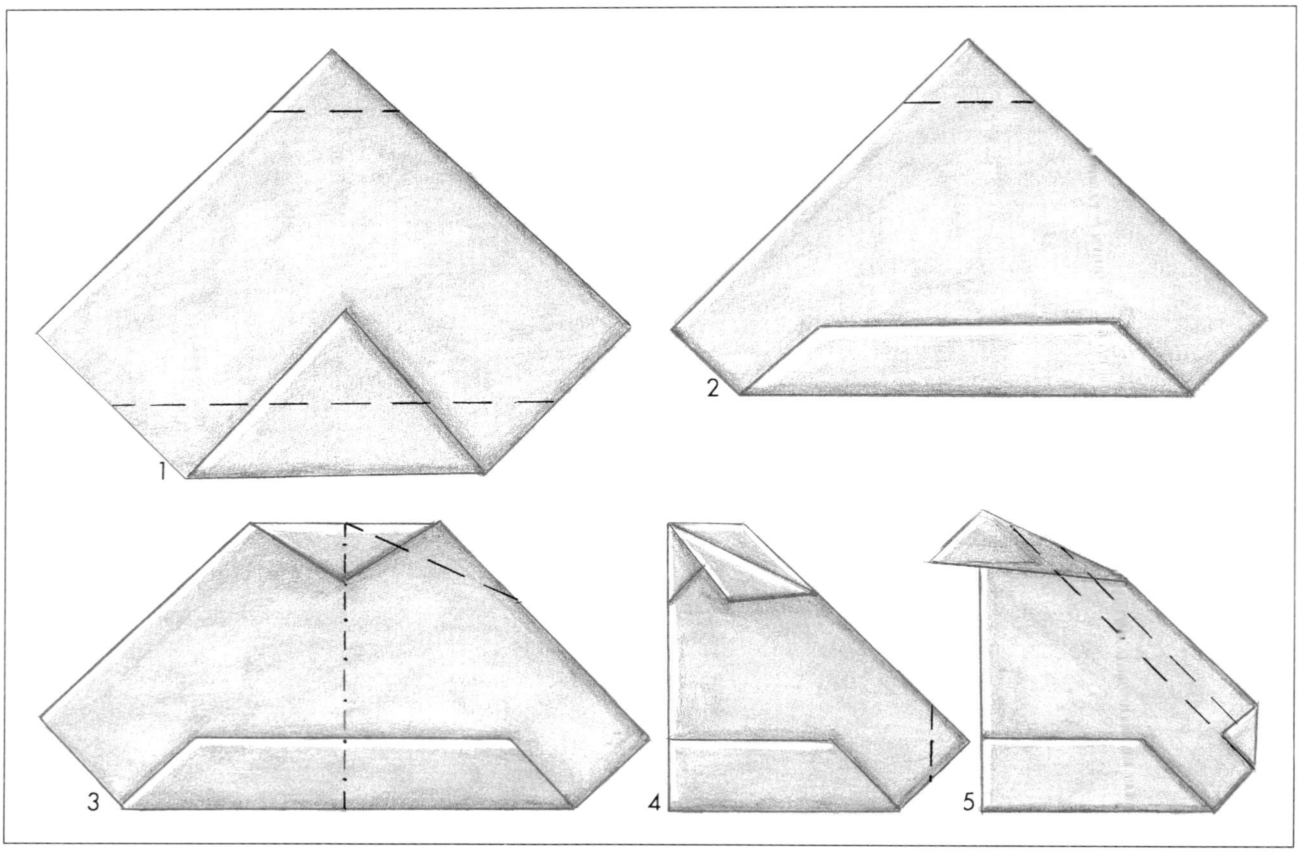

4 Das Blatt wenden und die linke Hälfte auf die rechte Hälfte falten. An der Spitze flache Dreiecke nach vorn und hinten falten, dann die Spitze nach links herausziehen.

5 Am rechten Rand die Ecken beider Papierlagen etwa 3 cm breit nach links falten.

6 Den schrägen rechten Rand beider Papierlagen zusammen zweimal 3 cm breit nach links falten. Rechten Rand auf linken Rand falten, wieder öffnen.

7 Den linken Rand symmetrisch auf den rechten Rand falten, Zipfel an der Spitze symmetrisch flachdrücken.

8 Das Papier wenden. Unteren Rand nach oben falten. Die Zipfelmütze öffnen und dabei die Krempe rechts und links öffnen.

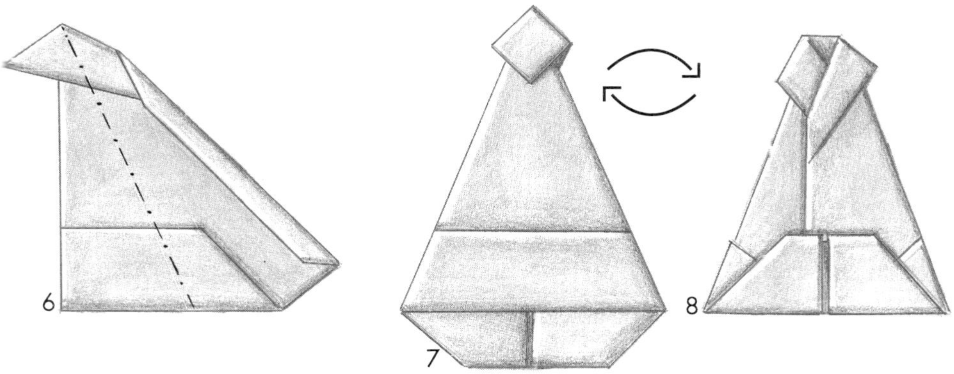

Der Sonnenschirm

Eine Kopfbedeckung, die man draußen im Freien aufsetzt, soll oft nur als Sonnenschirm dienen: Eine Krempe oder ein Schild soll die Augen vor dem hellen Licht schützen, ohne daß man auch noch einen Schutz für den Schädel braucht. Bei Sportveranstaltungen oder am Strand sieht man Sonnenschirme zuhauf, die nur aus einem Stirnschild und einem Gummiband bestehen und damit genau den gewünschten Zweck erfüllen.

Das hier vorgestellte Modell tut das auch – und hat nur eine Zeitungsdoppelseite und eine Heftklammer »gekostet«. Die Zeitungsdoppelseite wird zwei- oder dreimal auf ein Viertel oder ein Sechstel ihrer Höhe gefaltet, die Schmalseiten des entstehenden Streifens werden mit einer Heftklammer verbunden – und fertig ist ein höchst einfacher, aber perfekt funktionierender Sonnenschirm.

Bevor man die Schmalseiten zusammenklammert, kann man die Kopfbedeckung probehalber aufsetzen: Bei sehr großem Zeitungsformat müßte man an einer Schmalseite ein Stück einschlagen, die andere Schmalseite darüber legen und dann erst klammern – damit einem der Sonnenschutz nicht über die Ohren herabrutscht. Und wenn einem die Spitze des Schildes die Sicht ein wenig beeinträchtigt, kann man die Spitze nach oben umfalten, ehe man klammert. Und statt der Heftklammer tut es auch mal eine Briefklammer, eine Musterbeutelklammer – selbst mit zwei über Eck ins Papier gerissenen oder geschnittenen Schlitzpaaren kann man das Auseinanderfallen des Sonnenschirms verhindern.